Releasing Function
رسم اجرا
EK ARZ-E-TAMANNA
(TRAVELOGUE)
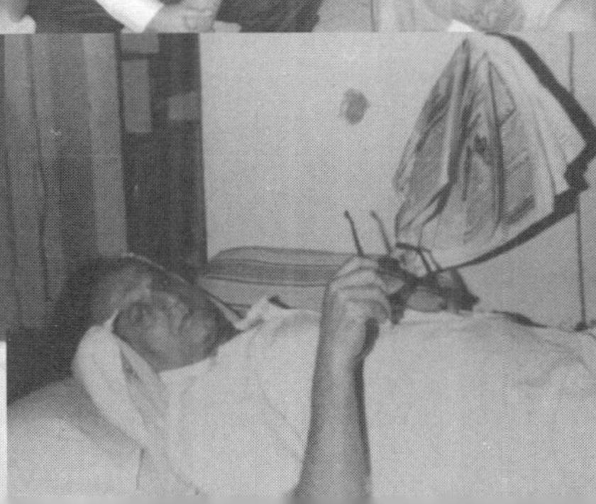
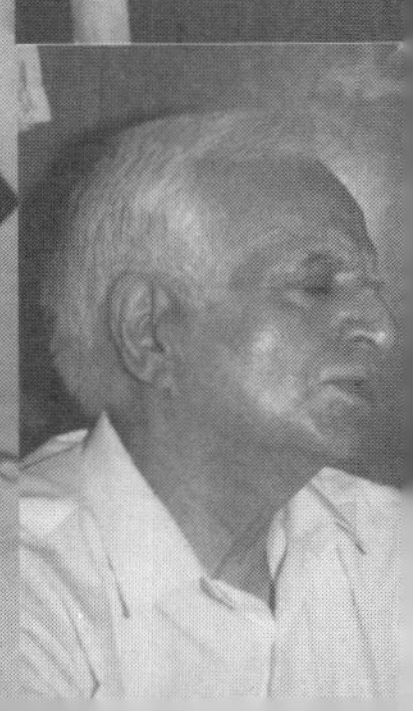

धरती का काल

धरती का काल

जोगेन्द्र पॉल

लिप्यन्तरण

महताब हैदर नक़वी

वाणी प्रकाशन

वाणी प्रकाशन

4695, 21-ए, दरियागंज, नयी दिल्ली 110 002

शाखा

अशोक राजपथ, पटना 800 004

फ़ोन : +91 11 23273167 फ़ैक्स : +91 11 23275710

www.vaniprakashan.in
vaniprakashan@gmail.com
editorial@vaniprakashan.in
sales@vaniprakashan.in

DHARTI KA KAAL
by Jogendra Paul
Transliteration : Mahtab Haidar Naqvi

ISBN : 978-93-5229-344-5
Collection of Stories

प्रथम संस्करण
मूल्य : ₹ 225

यश प्रिंटोग्राफिक्स नोएडा-201 301 (उ.प्र.) में मुद्रित

वाणी प्रकाशन का लोगो मक़बूल फ़िदा हुसेन की कूची से

सुकृता के लिए

अनुक्रम

आरम्भ*

जोगेन्द्र पॉल उर्दू के प्रमुख कहानीकार हैं। वह केवल भारत में ही नहीं, अपितु पाकिस्तान में भी समान रूप से पढ़े और पसन्द किये जाते हैं। उनकी मातृ भाषा पंजाबी है, लेकिन उन्होंने उर्दू भाषा को अपनी रचनात्मक अभिव्यक्ति का माध्यम बनाया, क्योंकि उनका ख़याल है कि उर्दू एक भाषा न होकर एक तहज़ीब है और वह एक तहज़ीब में रचनात्मक कार्य करते हैं।

जोगेन्द्र पॉल 1925 ई. को सियालकोट (पंजाब) में पैदा हुए। उनकी प्रारम्भिक शिक्षा उर्दू माध्यम से हुई तथा अंग्रेज़ी विषय से उन्होंने उच्च शिक्षा प्राप्त की। जोगेन्द्र पॉल महाराष्ट्र के एक पोस्ट ग्रेजुएट कॉलेज में प्रिंसिपल के पद पर भी आसीन रहे तथा अंग्रेज़ी साहित्य पढ़ाते रहे। वह एक लम्बे अर्से तक अफ्रीका के शहर नैरोबी में भी रहे, जिसकी यादगार उनका कहानी संग्रह 'धरती का काल' के रूप में हमारे सामने आया। जोगेन्द्र पॉल ने 1961 ई. में अपने इसी कहानी संग्रह के माध्यम से उर्दू साहित्य में प्रवेश किया और ख्याति अर्जित की। वह प्रगतिशील लेखक संघ से भी जुड़े रहे।

जोगेन्द्र पॉल ने बहुत कुछ लिखा है। उनके कई उपन्यास, लघु उपन्यास तथा कहानी संग्रह प्रकाशित हो चुके हैं। उपन्यासों में 'नादीद' तथा 'ख़्वाब रौ' प्रमुख हैं। 'आमदो-रफ़्त' और 'बयानात' जोगेन्द्र पॉल के लघु उपन्यास हैं। 'मैं क्यों सोचूँ' 'खोदू बाबा का मक़बरा', 'परिंदे', 'बस्तियाँ', 'बेमुहावरा' तथा 'बेइरादा' उनके कहानी संग्रह हैं। जोगेन्द्र पॉल की कई कहानियों का भारतीय एवं विदेशी भाषाओं में अनुवाद भी हो चुका है।

एक उर्दू साहित्यकार को जितने साहित्यिक पुरस्कार हासिल हो सकते हैं, लगभग सभी पुरस्कार और सम्मान जोगेन्द्र पॉल ने प्राप्त

* कहानी संग्रह 'धरती का काल' का प्रथम संस्करण 1961 में लेखक द्वारा प्रकाशित।

किये हैं, जिनमें इक़बाल सम्मान, ग़ालिब अवार्ड, बहादुरशाह ज़फ़र अवार्ड, उर्दू अदब अवार्ड तथा शिरोमणि उर्दू साहित्यकार अवार्ड प्रमुख हैं। जोगेन्द्र पॉल को उर्दू साहित्य में विशेष योगदान के लिए ''अन्तरराष्ट्रीय दोहा सम्मान'' से भी नवाज़ा जा चुका है।

'धरती का काल' जोगेन्द्र पॉल का प्रथम कहानी संग्रह है। उर्दू के प्रसिद्ध कहानीकारों—कृष्ण चन्दर तथा देवेन्द्र सत्यार्थी के लेखे हुए लेखों से इस संग्रह की अहमियत का अन्दाज़ा लगाया जा सकता है। इस संग्रह की कहानियों में उस समय के अफ़्रीका की राजनीतिक, सामाजिक, आर्थिक तथा मनोवैज्ञानिक परिस्थितियों का कलात्मक चित्रण हुआ है। जोगेन्द्र पॉल उस समाज की राजनीतिक एवं आर्थिक स्थिति के चित्रण में जज़्बाती होने के बजाय इनसानी नफ़्सियान का भी ख़याल रखते हैं, इसी लिए 'धरती का काल' की कहानियाँ सामाजिक बुराइयों को उजागर करने के साथ-साथ ज़िन्दगी से भरपूर हैं तथा उनके किरदार संघर्षशील दिखाई देते हैं।

अफ़्रीका के हालात अब पहले जैसे नहीं रहे, वहाँ बहुत कुछ बदल चुका है, लेकिन 'धरती का काल' की कहानियाँ आज भी हमारे लिए प्रासंगिक हैं, क्योंकि सरमायादाराना निज़ाम के हामी देश आज भी किसी-न-किसी रूप में ग़रीब देशों का शोषण कर रहे हैं। वाणी प्रकाशन देवनागरी लिपि में पहली बार जोगेन्द्र पॉल का यह कहानी संग्रह प्रकाशित कर रहा है। आशा है, अन्य संग्रहों की तरह ही पाठकों को यह संग्रह भी पसन्द आयेगा।

डॉ. महताब हैदर नक़वी

उर्दू विभाग
अलीगढ़ मुस्लिम विश्वविद्यालय
अलीगढ़

एक परिचय

पहली बार जब मैं जोगेन्द्र पॉल से मिला तो वह मुझे अपनी शक्लो-सूरत, चाल-ढाल और किरदार के एतबार से एक मालदार जौहरी नज़र आया। बाद में मुझे मालूम हुआ कि मेरा अन्दाज़ा ज़्यादा ग़लत भी न था। वह जौहरी तो ज़रूर है मगर हीरे-जवाहरात का नहीं, कहानियों का—और मालदार है, लेकिन अपने फ़न में।

जोगेन्द्र पॉल ने उर्दू अफ़साने की दुनिया में एक नये माहौल का इज़ाफ़ा किया है। अफ्रीका—अफ्रीका हरे-हरे तोतों और लम्बी गर्दन वाले ज़िराफ़ का अफ्रीका नहीं है। उस वहशी फ़ितरत वाले अफ्रीका के बारे में तो बहुत से लोग अपनी बातें सुनाते हैं, और क़िस्से बयान करते हैं। जोगेन्द्र पॉल उन इनसानों का ज़िक्र करता है, जिन्हें लोग अफ्रीकी बल्कि हब्शी कहते हैं, जिनके किरदार और विशेषताओं के बारे में ग़लत क़िस्से-कहानियाँ हमारे ज़हन में बसा दी गयी हैं। जोगेन्द्र पॉल ने नये माहौल के नये इनसानों का ज़िक्र करके अफ्रीका के बारे में, वहाँ के लोगों के बारे में बहुत ही दिलचस्प बातें बताई हैं, और बहुत-सी ग़लत बातों की तरदीद[1] भी की है। इस ज़िम्न में वह उर्दू का पहला अफ़साना-निगार है जिसने अफ्रीकी ज़िन्दगी को इस शिद्दत और ख़ूबी के साथ हमसे रुशनास कराया है।

जोगेन्द्र पॉल का एक नुक़्तए-नज़र[2] भी है। बहुत से लोगों का कोई ज़ावियए-निगाह[3] नहीं होता, सिवाय इसके कि "टुक देख लिया, दिल शाद किया और चल निकले।" हालाँकि यह भी एक ज़ावियए-निगाह है, मगर बेहद सतही है। जोगेन्द्र पॉल भी देखता है, दिल शाद भी करता है और देखकर चला भी जाता है, मगर देख कर चले जाने के बाद भी हम उसके अफ़साने का मज़ा लेते रहते हैं क्योंकि जो तस्वीर उसने हमें दिखाई है उसमें सिर्फ़ सतह की कैफ़ियत नहीं है, जैसी अक्सर तस्वीरों में होती है। उसमें और तहें भी होती हैं, जिन्हें ज़हन आहिस्ता-आहिस्ता खोलता है और

1. रद्द करना, 2. दृष्टिकोण, 3. दृष्टिकोण

बार-बार मज़ा लेता है। उसके अफ़सानों से एक हमदर्द अफ़साना निगार का दिल झाँकता है, एक इनसानियत-परस्त फ़र्द जो अपने आस-पास के हालात से महज़ कैमरे की प्लेट की तरह मुत्तासिर ही नहीं होता बल्कि उन हालात को बदलने का शऊर और उस शऊर का दर्द और तड़प भी अपने सीने में रखता है। बहुत से अदीबों के सीने में महज़ कैमरे की एक प्लेट रखी होती है और दिल की जगह टाइपरायटर होता है। यह जोगेन्द्र पॉल की खुश क़िस्मती है कि वह ऐसा अदीब नहीं है। उसका एक ज़ावियए-निगाह है जो इनसान की बेहतरी और बहबूदी से मुतअल्लिक़ है और वह अपने क़लम की ज़िम्मेदारी समझता है।

जोगेन्द्र पॉल एक नौजवान[1] अदीब है, यानी ब-अल्फ़ाज़े-दीगर नयी नस्ल का अदीब है। हालाँकि मैं नयी नस्ल या पुरानी नस्ल का क़ायल नहीं हूँ, मैं सिर्फ़ अच्छी नस्ल का क़ायल हूँ। कुछ लोग पच्चीस बरस की उम्र ही से अच्छा लिखने लगते हैं और कुछ लोगों को पचास बरस के बाद आला अदब की तख़्लीक़ नसीब होती है। अदब में दोनों तरह की मिसालें मौजूद हैं, इसलिए किसी के अदब को परखने के लिए अदीब की उम्र को नहीं देखना चाहिए, यह देखना चाहिए कि जो उसने लिखा है, वह अच्छे अदब के मैयार पर पूरा उतरता है?

जोगेन्द्र पॉल चूँकि अंग्रेज़ी अदब का रसिया है लिहाज़ा उसने अपने फ़न के सिलसिले में अंग्रेज़ी अदब से और अंग्रेज़ी अदब के ज़रिये मग़रिबी[2] अदब से भी बहुत कुछ सीखा है, जैसा कि हम सब ने सीखा है। मगर वह अपने ज़ावियए-निगाह के सिलसिले में मग़रिब से क़तई मरऊब[3] नहीं। जब वह अपने अदब में मलाया का ज़िक्र करता है तो उसके ज़ह्न में मलाया इबारत है अंग्रेज़ सरमायादार से। हालाँकि यह मलाया की ग़ालिब हक़ीक़त न कभी थी, न है, फिर भी हस्सास और बड़े फ़नकारों ने भी मशरिक़ की ज़िन्दा और बदलती हुई हक़ीक़तों से आँखें चुराई हैं, जिस तरह आज मग़रिब के दूसरे छोटे और बड़े फ़नकार अक्सर दुनिया की बड़ी हक़ीक़तों से आँखें चुराते हैं क्योंकि इस ज़िम्न में उनका जह्न मुजरिम है। क्योंकि आज दुनिया की तमाम बड़ी हक़ीक़तें अदब से साइंस और साइंस से सियासत तक उनकी मर्ज़ी के ख़िलाफ़ बदली जा रही हैं। वह उनका सामना नहीं कर सकते, लिहाज़ा आँखें चुरा कर दुरूँ-बीनी[4]

1. यह लेख उस समय लिखा गया था जब ' जोगेन्द्र पॉल' जवान थे, 2. पश्चिमी, 3. रोब में आना, 4. अन्दर की कैफ़ियत देखना

में मसरूफ़ हो जाते हैं।

जोगेन्द्र पॉल ने ऐसा नहीं किया है। इस एतबार से उनका ज़ह्न मुजरिम नहीं है, हालाँकि वह बड़ी आसानी से अपने माहौल की पर्दादारी कर सकता था और गहरी हक़ीक़तों को नज़रअन्दाज़ करके सतही हक़ीक़तों के रंग-रूप को अपने फ़न्नी नुक़ूश से उभार सकता था। मगर उसने ऐसा नहीं किया है और ऐसा न करते हुए जुर्रत से काम लिया है।

जोगेन्द्र पॉल का माहौल मशरिक़ी अफ़्रीका का माहौल है। मशरिक़ी अफ़्रीका के लोग पठानों की तरह सीधे-सादे और ग़ैर-पेचीदा नफ़्सियात के हामिल हैं। वहाँ अगर फ़ितरत वहशी है तो इनसान भी बच्चों की तरह मासूम और भरोसा करने वाले हैं। उस दुनिया में मग़रिब से कुछ लोग गये हैं, उन्होंने वहाँ नयी बस्तियाँ आबाद की हैं। रेलें बिछाई हैं, खानें खुदाई हैं, जंगल साफ़ किये हैं, घाटियों में खेतियाँ आबाद की हैं और इस अमल के दौरान उन्होंने मशरिक़ी अफ़्रीका को दूसरे हिस्सों की तरह अपना मोहताज बना लिया है। इस तरह कि अब न उनकी ज़मीन अपनी है, न मुल्क अपना है, न उनका निज़ाम अपना है, और वह ख़ुद अपने देश में रहते हुए बाहर वालों के दस्त-निगर हैं, जिनमें कुछ हिन्दोस्तानी भी शामिल हैं, जो छोटे पैमाने पर अफ़्रीकी ज़िन्दगी से इस्तहसाल[1] करते हैं। यह चन्द बुनियादी बातें हैं मशरिक़ी अफ़्रीका की ज़िन्दगी की, जिन्हें नज़रअन्दाज करना ज़िन्दगी की अहमतरीन हक़ीक़तों से आँखें चुराना है।

जोगेन्द्र पॉल बड़ी आसानी से अमीर ग़ैर-मुल्कियों की जगमगाती ज़िन्दगी को पढ़ने में अपने आपको खो सकता था, इस तरह कि दास्तान का लुत्फ़ भी हासिल हो जाये और ख़ुद-ग़रज़ हक़ीक़तों की पर्दा-पोशी भी हो जाये। दास्तान का लुत्फ़ तो उसने अब भी पूरा बरक़रार रखा है, क्योंकि वह मग़रिबी फ़न का बड़ा कायल है। सस्पेंस में उसे बड़ा मज़ा आता है और सस्पेंस के बाद झटका देना भी वह ख़ूब जानता है। आख़िर में और ज़रूरत से ज़्यादा एक जुमला नहीं लिखता और मेरे जैसे पुराने अफ़साना-निगारों की तरह इफ़रात का क़ायल नहीं मालूम होता, यानी अफ़साना-निगारी के फ़न को ख़ूब जानता है और इस ज़िम्न में उसे किसी से सीखना नहीं है। इसके बावजूद उसने अपने फ़न के लिए एक मुश्किल रास्ता

1. शोषण

अख़्तियार किया है। उसकी तमाम हमदर्दियाँ मुनाफ़ा कमाने वाले ग़ैर-मुल्कियों और ख़ुद अपने हमवतनों को छोड़कर ग़रीब अफ़्रीकियों के साथ हो जाती हैं, जिनका वह मुल्क है, और जिसकी आजादी वह लोग हासिल करके रहेंगे।

कैसे वह लोग हैं? कैसी उनकी ज़िन्दगियाँ हैं? कैसे मुहब्बत करते हैं? कैसी उनकी धरती है, क्या उसका रूप-रंग है? उनके पुराने जंगलों में नयी तहज़ीब क्या लेकर आयी है? इन तमांम बातों की हैरतअंगेज़ दास्तान मुझसे न सुनिये, जोगेन्द्र पॉल से सुनिये, जो उसने निहायत ख़ूबसूरती से, कारीगरी से और हुस्नकारी से ज़ेरे-नज़र मजमूए के अफ़सानों में बयान की है। इस तरह की अफ़्रीका की रंगारंग ज़िन्दगी अपने तमाम रंगों के साथ आपकी आँखों के सामने आबाद हो जाती है।

—कृष्ण चन्दर

मोजज़ा[1]

जब मैंने सड़क के बायीं तरफ़ एक कच्चे रास्ते के क़रीब कार रोकी तो इधर-उधर से सात-आठ गन्दे-गन्दे अफ्रीकी बच्चे हमारे पास आ जमा हुए।

"यहाँ से आपको झील तक पैदल चलना होगा, मालिक," एक लड़के ने आगे बढ़कर मुझसे कहा।

हम सब बड़बड़ाते हुए गाड़ी से बाहर निकले, पिकनिक का सामान बाहर निकाला और ख़ाली गाड़ी को लॉक करके पैदल चलने की फ़िक्र करने लगे। दो अफ्रीकी लड़कों ने कुछ कहे-सुने बग़ैर जल्दी से आगे बढ़कर हमारा सब सामान उठा लिया, गोया वह जानते हैं कि हमारा बोझ उठाना उनका ही काम है। दूसरे लड़के नाक पर बाज़ू रगड़ते या सर खुजाते उन ख़ुशनसीबों की तरफ़ हसरत से देखने लगे, जो हमारा सामान उठाये हश्शाश-बश्शाश और मुस्तइद हमारे सामने खड़े हो गये थे।

"इन पर ज़रा निगाह रखियो जी।" मेरी बीवी उन्हें मोहतात नज़रों से देखती हुई हरीश के गले पर मफ़लर ठीक करने लगी।

नन्हा टीटू मचलने लगा कि उसे उठा लिया जाये। एक और अफ्रीकी लड़के ने मौक़ा पाते ही आगे बढ़कर उसे बड़े प्यार से अपने बाजुओं में ले लिया और निहायत शादमानी से अपने साथियों में जा खड़ा हुआ, जो बड़ी फ़ख़्रमन्दी से हमारा बोझ उठाये सोच रहे थे कि आज अगर आध-आधशिलिंग की कमाई हो जाये तो हमारे माँ-बाप कितने ख़ुश होंगे, प्यार से हमें गले लगाएँगे। आख़िर हमारा यह मुख़्तसर-सा क़ाफ़िला झील पर पहुँचने के लिए डेढ़-दो मील के उस कच्चे रास्ते पर हो लिया। मेरी बीवी ने एक बार फिर मुझे ऐसी नज़र से देखा गोया काले छोकरों से बा-ख़बर रहने को कह रही हो। "पूरे फ़ित्ने होते हैं ये लड़के, अगर हुशियार न रहे तो आँखों में धूल डाल

1. चमत्कार

कर सारा सामान उड़ा ले जाएँगे।''

''माँ जी करतार के रंग देखिए ज़रा,'' मेरी बीवी माँ जी ने हमेशा उनके ही लबो-लहज़े में बात करती। ये झील है ना? ऊपर ज़मीन है और नीचे पानी ही पानी, वह उन्हें कई बार यही बात बता चुकी थी, और जब इस पर चलते हैं तो ज़मीन हिलती है यूँ! उसने अपना दायाँ हाथ ऊपर-नीचे करते हुए कहा, करतार के रंग देखिए ज़रा, और माँ जी ने हस्बे-आदत जवाब दिया, 'सत' नाम श्री वाहे गुरु।'' मेरा छह बरस का लड़का सुरेश एक अफ्रीकी छोकरे से पूछ रहा था कि तुम कौन-सी जमात में पढ़ते हो? अफ्रीकी छोकरा कुछ जवाब देने के बजाय फीके से अन्दाज़ में मुस्करा दिया और शायद यह सोचने लगा कि अगर वह भी स्कूल में दाख़िल हो जाता तो किस जमात में होता।

''हम पढ़-लिखकर क्या करेंगे बेटा?'' शायद उसके कानों में अपने बाप का सीधा-सादा जवाब घूमने लगा। ''मूंगू[1] ने हम लोगों को काम करने के लिए पैदा किया है, पढ़ना-लिखना तो बेकार आदमियों का काम है, जा अपना काम कर।'' जैसे यह सुनकर अफ्रीकी छोकरा चलते-चलते ज़रा रुक गया, झल्ला कर अपने बाप से यह कहने के लिए, ''बाबा काम ही तो कर रहा हूँ।''

वह बायें हाथ में हमारी फ्रूट की टोकरी उठाये हुए था और दायें हाथ में टिफ़िन कैरियर। अचानक टोकरी से पका हुआ एक सुर्ख़ सेब नीचे आ गिरा। ''ध्यान से उठाओ मुए।'' मेरी बीवी की शोना-बार आँखें लुढ़कते हुए सेब का तआक़ुब करने लगीं।

रीता ने लपक कर सेब उठा लिया और उस पर अपने तेज़-तेज़ दाँत गाड़ दिये। ''बड़ा मीठा है मम्मी।''

लड़की के मुँह में सेब को महफ़ूज़ पाकर मेरी बीवी फिर माँ जी की तरफ़ मुतवज्जोह हुई, ''माँ जी सेबों को तो जैसे आग लग गयी है। यही सेब दो शिलिंग में लाया करती थी, अब तीन शिलिंग ने कम में कोई हाथ भी लगाने नहीं देता।''

''मम्मी, सेब ज़मीन पर कद्दू की तरह उगते हैं, या आमों की तरह दरख़्तों पर?'' रीता ने पूछा।

''जहाँ मैं रहता हूँ,'' अफ्रीकी छोकरा हरीश को बताने लगा, ''वहाँ बड़े-बड़े सेबों के अनगिनत दरख़्त हैं।''

''अच्छा?''

1. भगवान

"हाँ, अगर तुम सारी उम्र भी खाते रहो तो ख़त्म न हों।" अफ़्रीकी छोकरा शायद सोच रहा था कि सेब का ज़ायक़ा कैसा होता है। "वज़ोंगो उन्हें बोरियों में बन्द करके शहर भेज देता है।"

"तुम लोग बहुत सेब खाते होगे?"

"नहीं, हम मकई का आटा उबाल कर खाते हैं, मेरा बाबा कहता है कि यह बहुत मज़ेदार होता है।"

"सत नाम श्री वाहे गुरु!"

झील तक पहुँचने के लिए अब हम बायीं तरफ़ एक पगडंडी पर हो लिए, जहाँ इनसानों के बजाय छोटे-छोटे कीड़े रेंगते नज़र आते थे। तारीक बर्रे-आज़म[1] की दीगर उजड़ी पगडंडियों पर रेंगते हुए तरह-तरह के दूसरे कीड़ों की मानिन्द अजनबियों के पाँव तले रौंदे जाते हुए, चीख़े बग़ैर दम तोड़ देते हैं।

चार-पाँच साल पहले इन्तहा-पसन्द कालों की एक ख़तरनाक जमात ने इस इलाक़े में बड़ा ऊधम मचा रखा था, जैसे कई बार कीड़े बेचैन होकर कुलबुलाने लगते हैं, मगर कब तक? अब तो यहाँ मौत का सन्नाटा है, जो चन्द पिकनिक मनाने वाले अजनबियों के क़हक़हों से मज़ीद घना मालूम होने लगता है।

अचानक एक कीड़े ने मुझे टखने पर काट खाया, मैंने दर्द से बिलबिलाते हुए उसे बड़ी बेरहमी से देखा और मसल कर परे फेंक दिया।

"माँ जी, कभी यह इलाक़ा बड़ा ख़तरनाक था।" मेरी बीवी माँ जी को समझाने लगी, "काले मुस्टंडों ने यहाँ अपना गढ़ बना रखा था, ख़ुद ही कर्नेल-जर्नेल बन बैठे थे, बड़े ज़ालिम थे, वह तो भला हो सरकार का जो एक-एक को ढूँढ़ निकाला वरना हम सब पर आफ़त आ जाती, बने-बनाये काम छोड़ कर भागना पड़ता।"

"मम्मी," सुरेश ने सीना तान कर कहा, "मैं बड़ा होकर जर्नेल बनूँगा और यूँ पिस्तौल चलाऊँगा—ठाँय!" उसने उँगली से पिस्तौल बना कर एक अफ़्रीकी छोकरे पर निशाना बाँधते हुए ज़ोर से ठाँय कहा।

"हाँ बेटा—शाबाश! माँ जी ये लोग आज़ादी तो माँगते हैं, मगर कोई इन जंगलियों से पूछे कि आज़ादी लेकर क्या करेंगे। पहले ज़रा पढ़-लिख तो लें, राज-पाट चलाना कोई बच्चों का खेल तो नहीं होता।"

1. उपमहाद्वीप

"हाँ बेटी तुम सच कहती हो। अंग्रेज़ों का राज खरा बहुत है।"

"हमने भी अपने देश की आज़ादी के लिए बहुत जतन किया," गोया मेरी बीवी अपने आपको समझाने लगी, "मगर हमारी बात दूसरी है। हमारा और इन गँवारों का क्या मुक़ाबला? ज़रा सोचिए माँ जी, हमारा कल्चर—कल्चर यानी धर्म कितना पुराना है, अंग्रेज़ों के धर्म से भी कई हज़ार साल पुराना। माँ जी, इन लोगों ने तो आज बम बनाना सीखा है, मगर रामायण में लिखा है कि सिर्फ़ एक राम बाण से ही सारे संसार में प्रलय आ सकती है।"

"सत नाम श्री वाहे गुरु! तुम ठीक कहती हो बेटी, हमारा धर्म तो महान है। हिन्दू धर्म तो बड़ा पुण्य करने से मिलता है, इसीलिए तो मैं बोई[1] को रसोई में क़दम नहीं रखने देती। न जाने ये लोग कौन-कौन सा कच्चा-पक्का गोश्त खाते रहते हैं।"

इतने में सामने से हमें उछल-उछलकर आता हुआ एक नंग-धड़ंग नौजवान अफ्रीकी नज़र आया जो बायें हाथ में एक छुरी पकड़े हुए था, धूप में चमकती हुई, तेज़ धार वाली और सुर्ख़ी मायल जैसे अभी-अभी उस पर से ख़ून पोंछा गया हो।

ख़ौफ़ज़दा कँपकँपाहट महसूस करके मैं मुँह गोल करके सीटी बजाने लगा।

"जाम्बो!" जब वह ज़रा क़रीब आया तो मैंने बदस्तूर डरते हुए ऊँची आवाज़ में कहा।

"जाम्बो बुआना।" उसकी आवाज़ में किसी मस्त जंगली हाथी की चिंघाड़ थी। "झील देखने आये हो?"

"हाँ।" मेरी आँखें अभी तक उसकी छुरी पर जमी हुई थीं।

"यहाँ क़रीब ही एक वज़ोंगो[2] का फ़ार्म है बुआना।" मानो उस अपढ़ गँवार ने मेरे ख़यालात फ़र-फ़र पढ़ लिये हों। "वह कभी-कभी अपनी भेड़ें मुझ से ज़ब्ह कराता है, बड़ी पली हुई भेड़ें हैं उसकी।" होंठों पर ज़बान फेरते हुए जब उसने मेरी तरफ भूखी नज़र उठाई तो मुझे यूँ लगा जैसे मैं भी कोई निहायत पली हुई लज़ीज़ भेड़ हूँ।

"सिगरेट पियोगे?" अपने लिए सिगरेट सुलगाते हुए मैं सचमुच छुरी के नीचे बँधी हुई भेड़ की तरह मिमिमाया।

"नहीं बुआना, ऐसे शौक़ हम ग़रीबों के लिए नहीं होते। हाँ अगर दो-चार सेंट दे दो तो ठीक है, जाम्बो मामा से, जाम्बो मामा डोगो।"

1. काला अफ्रीकी, 2. अंग्रेजों

मुझे जेब में हाथ डालते देखकर उसने माँ जी और मेरी बीवी से बड़े अदब से कहा।

''साँटे बुआना कोबा! साँटे साना।'' मुझसे समूनी लेते हुए जंगली हाथी अपनी चिंघाड़ भूलकर किसी पालतू कुत्ते की तरह ख़र-ख़र करने लगा। और मैंने निहायत इत्मीनान से सिगरेट का कश लेते हुए क़दम आगे बढ़ा लिया।

हमारी ठोकरें खा-खाकर आख़िर पगडंडी ने एक जगह दम तोड़ दिया।

''यही लेक केकूऊ है।''

हमारे सामने नीचे की तरफ़ गीली-गीली धरती का एक बड़ा टुकड़ा गोया हमारी बौखलाहट से महफ़ूज़ होकर किसी बच्चे की तरह रोते-रोते हँस दिया।

''हाँ बुआना कोबा, यही लेक केकूऊ है। ऊपर ज़मीन ही ज़मीन नज़र आती है और नीचे कई मील गहरा पानी है।''

''बड़ी अजीब बात है।'' उस अजीब बात को देखते हुए मेरी निगाहें एक और अजीब बात पर फिसलने लगीं। वह कोई अमरीकी लड़की मालूम होती थी और अपने दो-चार टूरिस्ट साथियों के साथ झील पर उछल-कूद रही थी। ''कितनी अजीब बात है।''

''वह देखिए कई जगहों पर पानी से भरे हुए गड्ढे नज़र आ रहे हैं। कई गड्ढे एक-आधा गज़ पर ज़मीन की तह से ढके हुए हैं, लेकिन कई ऐसे भी हैं जिनमें गिरकर आदमी का निशान तक नहीं मिलता।''

हमारे क़रीब ही एक अधेड़ उम्र गुजराती जोड़ा बैठा था। मर्द ने मुझसे मुख़ातिब होकर कहा, ''ये काला छोकरा लोग लेक का चप्पा-चप्पा जानता है, एक गड्ढे में उतर कर दूसरे से बाहर जा निकलता है।''

''अच्छा।''

''अगर तुम इन गड्ढों में कंगोतरा फेंकेगा तो ये लोग फ़ौरन निकाल लाएँगे।''

गुजराती सेठ ने अपने कोट के अन्दरूनी गढ़े में हाथ डाला, शायद यह सोचकर कि कहीं उसका बटुवा न निकाल लिया गया हो। ''साला बड़ा होशियार लोग हैं।''

हम सब भी वहीं डेरा जमाने की कोशिश करने लगे।

''तुम गढ़ों के अन्दर उतर सकते हो?'' मैंने एक अफ़्रीकी लड़के से पूछा।

"दो साल पहले इसका बड़ा भाई एक शिलिंग के लिए वहाँ जा उतरा," एक और काला लड़का मुझे बताने लगा, "वहाँ, उस गढ़े में हमारे देखते ही देखते उसका सारा बदन झील के अन्दर धँस गया, न जाने कहाँ ग़ायब हो गया।"

छोटे भाई की आँखों से पानी की एक धार फूट आयी जैसे उस गीली धरती पर जगह-जगह घास के नीचे अनगिनत धारें फूट रही थीं।

"तुम्हें नीचे जाते हुए डर नहीं लगता?"

"नहीं बुआना," सब ने हँस-हँस कर कहा, वह छोटा भाई भी आँसू पोंछ कर हँसने की कोशिश करने लगा—"नहीं बुआना।"

"चलो बैठो, सब रोटी खा लो, फिर तुम्हें नीचे झील में ले जायेंगे।" मेरी बीवी ने बच्चों से कहा और टिफ़िन कैरियर खोल दिया।

"पैदल चलकर मेरी भूख तो बहुत तेज़ हो उठी है।"

मैंने जल्दी-जल्दी रोटी में अंडों की सब्ज़ी रखकर उसका सैंडविच बनाया और निगलने लगा।

"इतनी जल्दी क्या पड़ गयी है? बिल्कुल बच्चे हैं आप भी।"

तेज़-तेज़ खाते हुए मेरी नज़र अचानक उन अफ़्रीक़ी बच्चों की तरफ़ उठ गयी। वह चुपचाप बूढ़े से नज़र आते हुए एक तरफ़ बैठे हमारी जानिब तक रहे थे। जब बच्चें का बूढ़ा बनना मायूब न हो तो बूढ़ों का बच्चे बन जाना ऐन मुनासिब समझा जाता है। मैंने बिल्कुल किसी बच्चे की मानिंद ज़िद करते हुए अपनी बीवी से कहा, "नहीं, यह सब्ज़ी थोड़ी है, और दो।"

जब हम पेट भर खा चुके तो बर्तन साफ़ करने से पहले अफ़्रीकी लड़कों ने हमारा बचा-खुचा आपस में बाँट लिया।

"इससे इन बेचारों का क्या बनेगा?" मैंने अपनी बीवी से कहा, "वह मिठाई भी इन्हें दे दो।"

"थोड़ी देर में बच्चों को फिर भूख लगी तो उन्हें क्या दूँगी।"

"बहुत दयालु मालूम होते हो बाबू।" गुजराती सेठ कहने लगा।

"जी" मैंने ऐसी शक्ल बना ली जैसे वाक़ई उसके अलफ़ाज़ को सुन न पाया हूँ।

"मैंने कहा तुम बड़े दयालु नज़र आते हो।"

पेट भर जाने के बाद अगर कोई तारीफ़ करने वाला मेल जाये तो दिल अपने आप ख़ुशी से भर कर झूम उठता है।

"आप ठीक कहते हैं सेठ जी, मेरा बेटा तो निरा सतजुगी है।"

मेरी बीवी ने मिठाई का लिफ़ाफ़ा सँभाल कर परे टोकरी में रख

दिया और मैंने ज़ह्नी लज़्ज़त महसूस करते हुए मुस्करा-मुस्करा कर अपने आप से कहा कि सेठ ठीक कहता है, माँ जी भी बिल्कुल ठीक कहती हैं।

फिर मैं ज़रा सुस्ताने के लिए लेट गया, सिगरेट सुलगाया और सेठ जी से बहुत प्यार से बहकी-सी आवाज में पूछा, "आप नैरोबी में कहाँ रहते हैं सेठ जी?" थोड़ी देर में बच्चों ने शोर मचाना शुरू कर दिया कि नीचे झील में चलें।

जब हमने झील की धरती पर क़दम रखे तो उसे हिलता हुआ पाकर हमारे दिल भी ज़रा-ज़रा हिलने लगे, लेकिन हम बज़ाहिर मुस्कराते हुए बढ़ते गये, पहले हौले-हौले एहतियात से, फिर कुछ दूर जाकर डर दूर हुआ तो तेज़-तेज़ और फिर औरों को उछलते-कूदते देखकर हम भी बेपरवाही से दौड़ने लगे।

"बड़ी अजीब बात है।" मैं किसी स्कूल के बच्चे की मानिन्द लरजाँ ज़मीन पर उछलने लगा।

"यह लेक भी क़ुदरत का एक बहुत बड़ा मोजज़ा है देखो।" मैं अपनी बीवी की तवज्जोह अपनी तरफ़ करके बहुत तेज़ी से उछला। मेरे क़दमों के नीचे धरती यूँ काँपी जैसे किसी ग़रीब अफ़्रीकी का दिल, जिस पर बीसियों दुख फुदक-फुदक कर क़हक़हे लगाते रहते हैं।

किसी एशियाई ताजिर के शानदार बँगले में काम करता हुआ यह बोई (मुझे अपनी नन्ही ज़ाई से मिले आज पूरे दो बरस हो गये हैं। अब वह कैसी लगती होगी?)

किसी फ़रिग़ुल बाल अँग्रेज़ नौआबाद की तस्वीरों की नुमाइश गाह में निहायत मेहनत से तस्वीरें टाँगता हुआ यह काला मज़दूर! (यह काम तो आज शाम को ही ख़त्म हो जायेगा, कल क्या करूँगा?)

टेक्निकल कॉलेज में तालीम पाता हुआ किसी मुफ़लिस अफ़्रीकी घराने का यह होनहार सपूत! (म्याऊँ, अगर तुम कल भी फ़ीस न लाये तो तुम्हारा नाम कॉलेज के रोल से काट दिया जायेगा। 'म्याऊँ' किसी कुत्ते की तरह भौंकना चाहता था, मगर बीमार मिस्कीन बिल्ली बना दूध की ख़ाली हंडिया चाटता रहा। "म्याऊँ–म्या–ऊँ!")

मेरी बीवी मुझसे कह रही थी, "यह अजूबा आपको दुनिया भर में कहीं न मिलेगा।" दरअस्ल उसका यह मतलब था कि मेरे ही माँ-बाप ने आपको इस मुल्क में मँगवाया था, वरना आपको ऐसे अजूबे देखने कहाँ नसीब होते? "देखिये ना" वह भी झील की काँपती धरती पर ज़ोर से उछली।

''हाय राम!'' यकायक वह हरीश की चीख़ सुन कर तेज़ी से पलटी। भागते-भागते हरीश एक छोटे से गढ़े में जा गिरा था।

गढ़े ने ऊँची-ऊँची घास से सर उठाकर गोया निहायत मोअद्दब अन्दाज़ में हमसे कहा, ''घबराइए नहीं, हम छोटे-छोटे अदना गढ़े भला आपका क्या बिगाड़ सकते हैं?''

हमारे साथ आया हुआ एक अफ़्रीकी लड़का लपक कर हरीश को गढ़े से बाहर निकाल लाया और मेरी तरफ़ अपनी मुल्तजी आँखों से कहा, ''साब, बख़्शिश?''

मैंने ताँबे के दो-चार सिक्के निकाल कर उसके हाथ में थमा दिये।

''सत नाम! शुक्र है तेरा करनी वाले! बेटा आज ही भगवान के मन्दिर में एक मन अनाज दे आना।''

''चलिए, अब वापस चलते हैं।'' मेरी बीवी ने हरीश को अपने बाज़ुओं में ज़ोर से भींच रखा था।

''माँ कोका कोला,'' हरीश ने सिसकियाँ भरते हुए अपनी ख़्वाहिश का इज़हार किया।

''नहीं, ऐसा भी क्या ख़तरा है। आगे नहीं जाते घड़ी भर के लिए यहीं बैठ जाते हैं।''

हम सब वहीं एक तरफ कटी हुई घास पर बैठ गये। इसी दौरान हमें कुछ फ़ासले से अमरीकी टूरिस्ट लड़की की बारीक और शीरीं आवाज़ सुनाई दी।

''यह गढ़ा कितना गहरा है।''

''बहुत गहरा है, मेम साब।'' एक अफ़्रीकी लड़के ने जवाब दिया।''

''लो हम इसमें एक शिलिंग फेंकते हैं। एक–दो–तीन–और लो यह छह और जाओ निकाल लाओ।''

''नहीं मेम साहब, यह बहुत गहरा है।''

सब अमरीकी टूरिस्ट हँसते हुए आगे बढ़ गये, और वह अफ़्रीकी लड़का तन्हा वहीं खड़ा लालची नजरों से उस गढ़े में झाँकता रहा। नौ शिलिंग–नौ शिलिंग–वह कुछ दूर जाकर फिर वहीं पलट आया। हमारे साथ आये हुए वह अफ़्रीकी छोकरे भी उसके पास जा खड़े हुए। उन सबकी सहमी-सहमी आँखें गढ़े की गहराई नाप रही थीं–उस अनजानी गहराई में नौ चमकीले सिक्के ढूँढ़ रही थीं।

आख़िर सब लड़के निहायत मायूसी और अफ़सोस से सर हिला-हिला कर वहाँ से चले आये, मानो अमरीकी लड़की के बजाय

ख़ुद उनका ही नौ शिलिंग का नुक़सान हो गया हो।

"माँ, कोका कोला।"

चार-पाँच मिनट में मुझे अपना एक नौजवान वाक़िफ़कार मिस्टर यशवीर अपनी बीवी के हमराह आता दिखाई दिया।

"हैलो," मैंने उसे पुकारा।

"हैलो, क्या हाल है?"

"कहिए संडे मनाया जा रहा है। आइए, बैठिए।"

"नहीं, ज़रा घूमते हैं" लेकिन जब उसकी बीवी मेरी बीवी के पास बैठ गयी तो वह भी मेरे क़रीब आ बैठा।

"कहिए दिल तो ख़ूब लग गया है ना?" यशवीर चन्द माह पहले केनिया में पहली बार आया था और नैरोबी के किसी स्कूल में टीचर था।

"यहाँ तो अपने आप दिल लगता है जी। देखिए चारों तरफ़ क्या फ़र्स्ट क्लास नज़ारे हैं।" फिर उसने अपने लहजे में दानाई पैदा करते हुए कहा, "मगर एक बात है, इस मुल्क की कल्चरल और सोशल लाइफ़ बड़ी पुअर है। हमारे शहर जैसी बात नहीं।"

मिसेज़ वीर मेरी बीवी से कह रही थी—"मिस्टर वीर इंडिया के लड़कों की तरह नहीं हैं, देखिए कितने स्मार्ट हैं, बिल्कुल यहीं के लड़कों की तरह मालूम होते हैं।" मिसेज़ यशवीर यहीं पैदा हुई और पली थी। उसके बाप को जब यहाँ अपनी बेटी के लिए कोई पढ़ा-लिखा और मुनासिब वर न मिल सका तो वह उसे शादी के लिए इंडिया ले गया।

"आप ठीक कहते हैं" मैंने यशवीर से कहा, "यहाँ का तहज़ीबी मैयार वाक़ई बहुत परस्त है," जैसे यह कह कर मैंने यशवीर को यक़ीन दिलाने की कोशिश की हो कि मैं ख़ुद बड़ा तहज़ीब-याफ़्ता हूँ।

"विनय साहब आपकी बहुत तारीफ़ करते हैं।" यशवीर कहने लगा, "कभी मिला कीजिए, यहाँ तो समझ-बूझ वाले आदमी नज़र ही नहीं आते।"

"हाँ-हाँ, ज़रूर!" मैंने ख़ुश होकर कहा, "विनय साहब आपकी भी बहुत तारीफ़ करते हैं। वह मेरे पुराने दोस्त हैं। दिल्ली में मैं और वह हर शाम को चाट खाने के लिए चाँदनी चौक जाया करते थे।"

"वहाँ की चाट की क्या बात है जी! आदमी सारा दिन खाता रहे मगर जी नहीं भरता। देखिए ना, अब यहाँ कोई काम की चाट भी नहीं बना सकता। यह भी कोई मुल्क है।"

"यहाँ की बात छोड़िये आप, यह लोग तो कुछ भी नहीं जानते। मैं तो कहता हूँ कि तनख़्वाह यहाँ की हो, और रहना दिल्ली का, मज़ा आ जाये।"

"वाक़ई मज़ा आ जाये, आते ही आठ सौ शिलिंग माहवार मिलने लगे हैं।"

"हाउस अलाउन्स मिलाकर मुझे आजकल चौदह सौ मिलते हैं।" मैंने ज़रा ऊँची आवाज़ में कहा ताकि उसकी बीवी भी सुन ले।

"मगर बहन," मेरी बीवी यशवीर से कहने लगी. "पता नहीं लगता इतना पैसा जाता कहाँ है।"

मेरा ज़हन घड़ी भर के लिए बैंक बैलेंस के हिन्दसे गिनने लगा। "यशवीर जी, आप सच कहते हैं। यहाँ के जीवन में वह बात नहीं, वह आला कल्चर नहीं?"

मेरे तीनों बच्चे हमारे आस-पास नाचने लगे। यशवीर ने स्कूल मास्टर सा नज़र आते हुए उन्हें आराम से बैठने के लिए कहा और ख़ुद भी खड़ा होकर उनके साथ-साथ उछलने लगा। देखा-देखी हम-सब छलाँगें मारने लगे, माँ जी भी बैठी-बैठी अपनी टाँगें हिलाने लगीं। हाँफते-काँपते धरती का दम फूल गया।

"हह-हह—हा!"

अफ़्रीकी बच्चे चुपचुाप हमारा मुँह तकते रहे।

"क्या मोजज़ा है!"

"वाक़ई ऐसी झील सारी दुनिया में नहीं मिलती।"

"द एट्थ वंडर ऑफ़ द वर्ल्ड!"

"चलिए, अब ज़रा आगे जाकर घूमते हैं।" मिसेज़ यशवीर ने अपने शौहर से कहा।

"चलिए किनारे पर चलें।" कोई अपनी चीज़ें न उड़ा ले जाये, वहीं घूमेंगे, फिरेंगे।" मेरी बीवी ने मुझे हिदायत की।

"हाँ चलो।"

किनारे पर पहुँचकर हम सब जमघटा-सा बना कर एक तरफ़ खड़े हो गये। क़रीब ही एक दरख़्त के नीचे एक अधेड़ उम्र अफ़्रीकी अख़बार पढ़ने में मुनहामिक था। मैं उसके नज़दीक चला आया, वह कड़वी-सी सवालिया नज़रों से मेरी तरफ़ देखने लगा।

मैं बड़े ही दोस्ताना लहजे में बोला, "हमारे क़दमों के नीचे झील की ज़मीन थर-थर काँपती है—कितना बड़ा मोजज़ा है।"

उसने निहायत ख़ुश्क लहजे में जवाब दिया—"लेकिन मैं तो इसे एक मोजज़ा समझता हूँ कि आपके क़दमों के नीचे सिर्फ़ झील की ज़मीन ही काँपती है, सारे अफ़्रीका की ज़मीन क्यों नहीं काँपती?"

"सतनाम श्री वाहे गुरु!"

सब का सवाल

और फिर वह बेचैन और लरज़ाँ-सा मुस्तक़बिल के खन्दाँ[1] किनारों पर फिसलने लगता। ये मुस्कराते हुए जानलेवा उमूदी[2] किनारे, जिनसे ख़याली तौर पर ही गिर कर इनसान सिसके बग़ैर दम तोड़ देता है। वह तो कहिये उसकी रूह में धीरे-धीरे तप कर पके हुए अज़ायम फ़ौरन क़दम बढ़ा कर उसे थाम लेते, वरना ऐसी तुन्द[3] ख़्वाहिशात के नशे में बहकता हुआ ग़रीब, मायूस आदमी तो ख़ुदकुशी करते हुए भी यही समझता है, गोया हयाते-जावेदानी किसी शर्मीली दुल्हन की तरह झिझक-झिझक कर उसकी तरफ़ बढ़ने लगी हो। गोया उसकी तमन्नाओं की तश्नगी बुझने की घड़ी आख़िर आ पहुँची हो।

अगर मकोज़ी के अज़ायम भी मायूस होकर अपना हाथ खींच लेते तो अब तक बौखला कर शायद वह भी ख़ुदकुशी कर चुका होता। मगर उसका एतक़ाद ताजा दम रहा, मकोज़ी ज़िन्दा रहा, बहकता रहा, उस शराबी की तरह जिसे मालूम हो कि वह बहक रहा है, और कुछ नहीं।

''मैं—मैंने—'' उसकी कँपकँपाती आवाज़ को सुने बग़ैर मुझे मालूम होता कि वह क्या कह रहा है। क्योंकर गुज़िश्ता पाँच बरसों से मैं यही कहानी सुनता चला आ रहा था।

''मैंने कुछ रक़म तो जमा कर ली है और कुछ और दो-चार साल में कर लूँगा। फिर मैं अपने इस घटिया काम से इस्तीफ़ा दे दूँगा।'' अपने 'घटिया काम' से इस्तीफ़ा दे देने के ख़याल से उसकी आवाज़ में मसर्रत[4] धड़क-धड़क कर बोलने लगती। ''हाँ, फिर मैं इस्तीफ़ा दे दूँगा और बैरिस्टर बनने के लिए Lincoln's Inn लंदन। वह ज़रा रुक जाता स्पदबवसदश्े प्दद लन्दन में अपनी खुशगवार मसरूफ़ियात का जायजा लेते हुए उसका चेहरा तमतमा उठता।

''जब मैं बैरिस्टर बनकर लौटूँगा Lincoln's Inn का गाउन पहने

1. हँसता हुआ, 2. लम्बे, सीधे, 3. ख़ुशी, 4. ख़ुशी

बड़े-बड़े मुक़द्‌मात की पैरवी करूँगा तो सारा मुल्क मेरे अल्फ़ाज की सदाए-बाज़गश्त को सुनकर दाँतों पर उँगली रख लेगा। फिर तुम्हें मेरी दोस्ती पर फ़ख़्र होगा। बस अब दो-चार साल ही की बात है, फिर मैं यहाँ से इस्तीफ़ा दे दूँगा।''

''मोआंगी, यार अपना बॉस आजकल बहुत नाराज़ रहता है, सोचता हूँ कि कहीं किसी दिन वाक़ई नौकरी से जवाब न मिल जाये।''

मैं मुस्कराने लगता, वह झुँझला उठता जैसे उसकी तमन्नाएँ बेबस, यतीम बच्चों की तरह रो उठी हों। मगर हस्बे-मामूल उसका अन्धा यक़ीन उन बच्चों का हौसला बँधाने लगता। ''तुम भी शायद दूसरों की तरह मेरा मज़ाक़ उड़ाने लगे हो मोआंगी, मुझे अफ़सोस है कि तुम मेरी आँखों से वह रोशन दिन, जिनका मुझे इन्तज़ार है, जिन्हें मेरे लिए आना ही होगा। जब मैं अपने बॉस की ख़ुशनूदी हासिल करने के लिए नहीं बल्कि अपने लिए जियूँगा। बैरिस्टर बन कर इंसाफ़ और क़ानून की बक़ा के लिए जियूँगा।''

मेरा एहसासे-क़ुनूतियत[1] उसके भोलेपन से शिकस्त खाकर चुपचाप एक तरफ़ सरक जाता और हम सर जोड़ कर घंटों उन रोशन दिनों के चढ़ते सूरज पर निगाहें जमाये बैठे रहते। हयात-परवर हल्की-हल्की हिद्‌दत महसूस करते रहते, वाक़ई अपने लिए जीने लगते।

''कुछ जमा कर चुका हूँ।'' फिर यकबारगी हम अपनी असली दुनिया में लौट आते, महकूम, मज़लूम और बेताब। ''और कुछ कर लूँगा, फिर देखना मेरे यार।''

मैं देखता रहा, बेसूद देखता रहा, मकोज़ी की दास्तान आगे बढ़ने के बजाय इन्हीं पिटे हुए वाक़ेआत में उलझी खिसियानी-सी हँसी हँसती रही।

रेलवे के दफ़्तर में हमारी मेज़ें साथ-साथ थीं। अक्सर यह होता कि मकोज़ी काम करते हुए रुक जाता और सामने दीवार पर लटकी हुई एक तस्वीर पर अपनी खोई-खोई निगाहें जमा देता। तस्वीर में ज़मीन पर खड़े हुए चीथड़ों में मलबूस एक ग़रीब अफ़्रीकी बच्चे की मसरूर नज़रें एक पहाड़ की बुलन्दियों पर उछल-कूद कर रही होतीं। यूँ मालूम होता था कि वह बच्चा अभी तेज़-तेज़ दौड़ते हुए इन बुलन्दियों तक पहुँच जायेगा। लेकिन कई साल से हम उसे वहीं खड़ा देख रहे थे। उसकी निगाह की मसर्रत जैसे अब उसकी बेचारगी का मज़ाक़

1. जीवन के अन्धेरे पहलू की ओर देखना

उड़ाने लगी थी।

ये पहाड़, ये बुलन्दियाँ। बेवक़ूफ़ इतनी ऊँचाई तक पहुँचना तुम्हारे बस का रोग नहीं। आओ यहीं नीचे भाग-दौड़ कर जी ख़ुश कर लो।

''नहीं, नहीं, मैं वहाँ जाना चाहता हूँ। वह देखो, उन चोटियों के आस-पास।''

''बेटा, फ़ादर जैकब एक निहायत शफ़ीक़ अंग्रेज़ टीचर अक्सर निकोजी से कहा करता, तुम बहुत ज़हीन हो, अगर तुम इन चोटियों के आस-पास पहुँचना चाहते हो, तो ख़ूब मेहनत करो। आदमी जैसा बोता है, वैसा फल खाता है।''

निकोज़ी ने बड़ी मेहनत और चाव से अपने लड़कपन के सुनहरी सपने बोये थे। जब उसके स्कूल सर्टीफ़िकेट के इम्तेहान का नतीजा निकला था तो इन सपनों के बीज फूट कर झूमती हुई नन्ही-नन्ही शाख़ें और हरे-भरे पत्ते बन गये थे। अपने आपको फ़र्स्ट डिवीज़न में पाकर वह बहुत ख़ुश हुआ था, मगर अपने इस नन्हे दरख़्त पर फल आने से पहले वह अपनी भूख को कैसे मिटा सकता था, इसलिए वह जानवरों की मानिंद पत्ते ही खा-खाकर गुज़ारा करने पर मज़बूर था। अगर वह रेलवे में क्लर्क न बनता तो उसके मरहूम बाप का क़र्ज़ कौन चुकाता? उसकी बेवा बहन और भांजों-भांजियों की देख-भाल कौन करता? कौन जाने निकोज़ी के लड़कपन के सुनहरी सपने कितनी बार रो दिये, मगर वह पत्ते खाता रहा, अपने मरहूम बाप का क़र्ज़ चुकाता रहा, अपनी बेबा बहन के आँसू पोंछता रहा। ताहम इन सब धन्धों से फ़ारिग़ होकर कई बार वह चुपके से अपने दिल की खिड़की के पास आ खड़ा होता, परदा सरकाकर अन्दर झाँकने लगता।

यह हवाई जहाज़ लन्दन की तरफ़ परवाज़ कर रहा है। यह लन्दन एयर पोर्ट है, यह Lincoln's Inn है। Lincoln's Inn निहायत हौसला अफ़ज़ा, क़ानूनी लहजे में मुस्करा-मुस्करा कर अपने नये तालिब-इल्मों का इस्तक़बाल कर रही है। यह किसी अफ़्रीकन चीफ़ का ख़ुश-पोश लड़का जिसका बाप तेरह बस्तियों पर हुकूमत करता है, यह एक दौलतमन्द हिन्दोस्तानी ताजिर का बेफ़िक्र सपूत, जिसकी दोनों जेबें नये-नये करंसी नोटों से भरी हुई हैं, यह किसी अफ़्रीकी अँग्रेज़ अफ़सर का मुतमव्विल[1] बेटा, जो यहाँ क़ानून पढ़कर अपने बाप से भी बड़ा अफ़सर बन जायेगा, यह एक और...एक

1. मालदार

और... एक और—मगर इन सबमें मकोज़ी नहीं है, मकोज़ी जो अपने स्कूल का बेहतरीन तालिबे-इल्म था। तक़रीरी मुक़ाबलों में जिसकी तक़रीरें सुनकर असातज़ा अश-अश करते हुए कह उठते थे, ''यह लड़का तो पैदा ही वकील बनने के लिए हुआ है।'' मगर जो लड़के वकील बनने के लिए पैदा होते हैं वह लिंकन्ज़ इनमें क़ानून पढ़ने के बजाय रेलवे के किसी दफ़्तर में रुटीन ग्रेड क्लर्क हो जाते हैं।

मकोज़ी मेरे क़रीब बैठा बड़ी-बड़ी रक़मों का मीज़ान करते हुए थक कर अपने सर को दोनों हाथों से थाम लेता और सामने दीवार पर लटकी हुई तस्वीर पर अपनी गुमशुदा नज़रें जमाये न मालूम कहाँ से कहाँ पहुँच जाता।

इसी दौरान मेरी निगाहें, उसकी निगाहों से हौले से टकरा जातीं, और वह जैसे शिकस्त-ख़ुर्दगी के एहसास से शर्मिन्दा सा हो जाता। ''नहीं मोआंगी मैंने अभी हिम्मत नहीं हारी, मैं कभी हिम्मत नहीं हारूँगा। तुम ज़रा देखते रहो।''

फिर एक दिन अचानक हेड क्वार्टर से मेरे तबादले का आर्डर आ गया। वतन की जानी-पहचानी गलियों से चार सौ मील दूर एक अनजाना साहिल, जहाँ पहुँचकर धरती सागर में ग़ोते खाने लगती है। उसकी लाश पानी में मीलों नीचे डूब जाती है।

स्टेशन से गाड़ी की रवानगी में चन्द मिनट ही बाक़ी थे। मेरे यार मकोज़ी की घनी उदास ख़ामोशी, उखड़ी-उखड़ी बातें करते हुए मेरा मुँह तक रही थी। ''जाओ मोआंगी, ख़ुदा हाफ़िज! मगर, मगर मैं सोचता हूँ कि अब अपने दिल की बातें किसे सुनाया करूँगा।''

मैंने आगे बढ़कर उसे गले लगा लिया—''मकोज़ी, मेरे भाई, देखो बैरिस्टरी को भूल जाओ और हँसी-ख़ुशी मज़े से अपनी ज़िन्दगी के दिन गुज़ारो। जब हम अदना लोग बड़ी-बड़ी ख़्वाहिशात को अपनी ज़िन्दगी का मक़सद बना लेते हैं तो हमारी आम ख़ुशियाँ भी छिन जाती हैं, हम नामुराद मर जाते हैं।'' मेरी यह बातें घूँसा बनकर जैसे उसके दिल पर जा लगीं।

''मुझे माफ़ कर दो मेरे दोस्त, मुझे व़ाकई अफ़सोस है। मैं तुम्हारी हिम्मत पर नाज़ करता हूँ, लेकिन मैं चाहता यही हूँ कि तुम हमेशा ख़ुशो-ख़ुर्रम रहो।''

वह मुस्कराने की कोशिश करने लगा, ''तुम फ़िक्र न करो, अब वह दिन दूर नहीं जब तुम्हारा यह दोस्त हमेशा क़हक़हे लगाता हुआ नज़र आयेगा। मेरी तक़रीर और तौफ़ीक़ का सवाल नहीं, मेरे हौसले

का इम्तहान है, ज़रा मुझे इस इम्तहान में पूरा उतर लेने दो दोस्त—कुछ जमा कर चुका हूँ और कुछ और— ।" गार्ड का व्हिसिल चीख़-चीख़ कर उसके पागलपन पर हँसने लगा, और मैं उससे विदा होकर गाड़ी में आ बैठा। कई बार यूँ भी होता है कि आदमी अपने अज़ीज़ों से लम्हाती तौर पर बिछड़ने के बाद उन्हें फिर कई साल तक नहीं देख पाता। इत्तेफ़ाक़ात, तवक़्क़ोआत पर इस क़दर हावी हो जाते हैं कि इनसान बेचारा मुँह देखता ही रह जाता है। मैं बड़े शौक़ से उसकी चिट्ठियों का इन्तज़ार करता रहता। मगर कुछ अर्से बाद यह सिलसिला ख़त्म हो गया—फिर मेरी शादी हो गयी। बच्चे हुए, वह बड़े हो कर पढ़ने लगे। एक तो पढ़कर काम पर भी लग गया। बीस साल गुज़र गये।

पिछले माह की बात है कि हमारी टीम एक अँग्रेज़ अफ़सर की सरकर्दगी में छोटे-छोटे स्टेशनों का मुआइना कर रही थी। एक रोज़ जब हमारी गाड़ी सरपट दौड़ती हुई ककियो स्टेशन के क़रीब पहुँची, तो न जाने क्यों मकोज़ी की शक्ल बार-बार मेरी आँखों के सामने घूम गयी। वही बीस साल पहले का चेहरा, मुस्तक़बिल के जाले में अटकी हुई मख़्बूतुल-हवास[1] उसकी नज़रें, पुर-उम्मीद चेहरे की ज़र्द-ज़हीन सियाही, बेहद उलझे हुए घने-घुँघराले बाल और मोटे-मोटे हिलते हुए आइडियल अफ़्रीकी होंठ।

"निकोज़ी मेरे यार तू कहाँ है?" मेरा जी चाहा कि वह जहाँ कहीं भी हो, उड़कर उससे जा मिलूँ।

इतने अर्से तक अपने दोस्त से मुजरिमाना तागाफ़ुल बरतने का ख़याल, अचानक मुझे अपने आप पर अफ़सोस होने लगा। मेरे यार मकोज़ी की घनी-उदास ख़ामोशी उखड़ी-उखड़ी बातें करती हुई मेरा मुँह तक रही थी—"जाओ मोआंगी, ख़ुदा हाफ़िज़, मगर, मगर मैं सोचता हूँ कि अब अपने दिल की बातें किसे सुनाया करूँगा?"

बचपन में कौन नन्हे-मुन्ने रेत के घरौंदे नहीं बनाता, मगर बड़ा होकर कौन इन घरौंदों के मुतअल्लिक़ सोचता फिरता है?

जब गाड़ी झटका खाकर ककियो रेलवे स्टेशन पर रुकी तो बदस्तूर मकोज़ी के मुतअल्लिक़ सोचते हुए मैंने तहय्या कर लिया कि कहीं से भी उसका पता दरयाफ़्त करके उससे ज़रूर मिलूँगा, अपने प्यारे दोस्त से।

गाड़ी से उतरते हुए एक जाने-पहचाने चेहरे को देखकर मेरी

1. दीवाना

रूह गोया किसी मसरूर परिन्दे की मानिन्द उछलने-कूदने लगी। मैं लपककर उसके क़रीब पहुँचा।

मकोज़ी! मेरा दिल उछलकर ज़बान पर आ जाना चाहता था। लेकिन मैंने देर तक चुपचाप उसे सीने से चिमटाये रखा। चुपचाप अपनी बेइन्तिहा मसर्रत को महसूस करता रहा, अपनी धड़कनों को गिनता रहा। अपनी बेपनाह ख़ुशी पर मुझे ताज्जुब हो रहा था। दरअस्ल कई बार नयी पगडंडियों पर चलते हुए हम आरज़ी तौर पर अपने क़दीम रास्तों को भूल जाते हैं। लेकिन तक़दीर अगर हमें अचानक फिर उन्हीं पुरानी राहों पर ले आये तो उस पुरानी मिट्टी की ख़ुशबू हमारे दिलो-दिमाग़ को वज्द-आफ़रीं मसर्रत और प्यार से लबरेज़ कर देती है।

तुम—

तुम।

इससे ज़्यादा ख़ुशगवार इत्तेफ़ाक़ क्या होगा कि हमारी इस तरह मुलाक़ात हो जाये। मकोज़ी की ख़्वाबीदा याद अंगड़ाइयाँ लेते हुए उठ खड़ी हुई थी।

ककियो रेलवे स्टेशन मकोज़ी के चार्ज में था। स्टेशन से थोड़े फ़ासले पर उसका क्वार्टर खड़ा अपने दोनों हाथ फैलाये मेरा इस्तक़बाल कर रहा था। उसके बच्चे क्वार्टर के सामने खेल-कूद रहे थे। उसकी अधेड़ उम्र बीवी ने शरमा कर मुस्कराते हुए हम दोनों की जानिब देखा और अपनी सब मसरूफ़ियात को छोड़ कर गोया आँखों ही आँखों में अपने शौहर से पूछने लगी कि यह कौन हैं?

"अरी, यह मोआंगी है, मेरा यार, मेरा भाई, मेरा... मेरा बहुत कुछ!"

मकोज़ी का घरबार, उसकी वफ़ा-शआर बीवी, उसके शगुफ़्ता बच्चे और उसका शादाँ माहौल देखकर मुझे यक गूना तसल्ली सी हो गयी। मेरे ज़ह्न से माज़ी का वह मुफ़लिस मख़्बूतुल-हवास नौजवान मकोज़ी महो हो गया, जिसने अपनी ज़िन्दगी के अलमिया राग को अज़ायम के क़फ़न में लपेट रखा था।

"ठीक है।" अपने दोस्त की आसूदा हाली देखकर मुझे बहुत ख़ुशी हुई। वह अपने मौजूदा हालात पर निहायत क़ानेअ और मुत्मईन नज़र आता था। माज़ी के मकोज़ी से यक्सर मुख़्तलिफ़। "ठीक है।" इत्मीनान से उसके कन्धे पर हाथ रखकर मैं उसके साथ बैठक में चला आया। एक कोने में मेज़ पर कई मोटी-मोटी किताबें बिखरी पड़ी थीं। दूसरी तरफ़ किताबों से भरा हुआ एक बहुत बड़ा शेल्फ़ क़रीने से रखा

हुआ था। रोमन-ला, ब्रिटिश-ला, इंटरनेशनल ला, ला एण्ड जस्टिस–!! यह सब किताबें गोया जिद्‌दी बच्चों की तरह मेरे इत्मीनान का मुँह चिढ़ा-चिढ़ा कर बे पायाँ शोर मचाने लगीं। मैं हक्का-बक्का-सा अपने दोस्त की तरफ़ देखने लगा।

वह हँसने लगा, "मैं यह सब किताबें पढ़ चुका हूँ, तक़रीबन हिफ़्ज कर चुका हूँ।" वह हँस-हँस कर जैसे रो रहा हो–"कुछ सरमाया जमा कर चुका हूँ, कुछ और कर लूँगा और फिर दो-चार साल में रिटायर होकर इंगलैंड चला जाऊँगा। बस अब चन्द दिनों की ही बात रह गयी है।"

क्वार्टर के बाहर मकोज़ी का एक बच्चा यकायक ज़ोर-ज़ोर से रोते हुए अपने बाप के अरमानों की नुमाइन्दगी करने लगा। इतने अर्से से पैहम यास को थपकती हुई यह बेबस उम्मीद, मुस्तक़बिल के उमूदी किनारों से फैल-फैल कर गिरती हुई यह लरज़ाँ आवाज़, किसी दीवाने की यह-सदाए-बाज़गश्त! बिल्कुल वही मकोज़ी।

मैं आलमे-तसव्वर में देखने लगा कि मकोज़ी बिस्तरे-मर्ग पर लेटा हुआ है, मौत सरहाने खड़ी उसे झिंझोड़ रही है और वह नीम-बेहोशी के आलम में सामने दीवार पर निगाह जमाये भरपूर हौसले के साथ कह रहा है–"देखो अब थोड़ी-सी कसर बाक़ी है। यह कसर पूरी होते ही मैं फ़ौरन इंगलैंड चला जाऊँगा, इंगलैंड, लिंकन्ज़ इन–सैम्वल मकोज़ी–बार-एट-ला-बार-एट–" और फिर मकोज़ी दम तोड़ देता है। हयाते-जवेदानी किसी शर्मीली दुल्हन की तरह झिझक-झिझक कर उसकी जानिब क़दम बढ़ाने लगती है। गोया मौत के बाद उसकी तमन्नाओं की तश्नगी बुझने की घड़ी आख़िर आ ही पहुँची।

फिर मेरे देखते-ही-देखते मरहूम मकोज़ी की रूह सचमुच बैरिस्टर बन जाती है और लिंकन्ज इन का ख़ुशनुमा सियाह गाउन पहने ख़ुदा की अदालत में दाख़िल होती है।

"मी लार्ड, मैं मरहूम मकोज़ी की रूह, एक ज़िम्मेदार बैरिस्टर की हैसियत से इस अदालते-आलिया में इनसानियत का एक निहायत अहम दावा दाखिल करने के लिए हाज़िर हुई हूँ।" मकोज़ी की रूह किसी निहायत बा बेक़ार वकील की मानिन्द पुर एतमाद तरीक़े से अपने गिर्दो-पेश का जाएज़ा लेते हुए ज़रा रुक जाती है। "योर आनर, इनसानियत की हुकूमते-इलाही से यह सवाल है कि वह बेबस और मुफ़लिस क्यों है, उसे अपनी ख़्वाहिशात को पूरा करने के लिए मौत तक क्यों इन्तज़ार करना पड़ता है!!"

मन्दा

यूनाइटेड क्लब ऑफ़ नैरोबी के मेम्बरान को बयक-वक़्त नुतमव्विल और इंटलेक्चुअल कहलाना बहुत पसन्द था। गार्डन रेस्तराँ के मटन समोसों की मानिन्द तीस पौंड सालाना चन्दा अदा करके वह क्लब के हाल में बड़े-बड़े आदमियों की तक़रीरें सुनते, हफ़्ते में एक बार डिनर खाते और हर शाम इकट्ठे उठ-बैठकर क्लब के बार के काफ़ी तवाना बिल चुकाते हुए मुख़्तलिफ़ मसायल पर अपनी-अपनी अहम राय पेश करते।

क्लब के क़ायदे के मुताबिक़ हर नस्लो-मिल्लत का फ़र्द नेम्बर बन सकता था मगर वहाँ काले चेहरों की नुमाइन्दगी सिर्फ़ अफ़्रीकी बैरे ही करते। पिछली ग़ैरमामूली मीटिंग में एक एशियाई मेम्बर ने यूरोपियन सद्र सेबा-ज़ाप्ता तौर पर पूछा था कि अफ़्रीकी लोग क्लब का मेम्बर बनना क्यों पसन्द नहीं करते। बहुत ग़ौरो-ख़ौज़ के बाद क्लब की हाई कौंसिल इस नतीजे पर पहुँची थी कि अफ़्रीकी अभी मुकम्मल तौर पर जहज़ीब-याफ़्ता नहीं हुए। इसलिए सोशल लाइफ़ की आल अक़्दार की पहचान से क़ासिर हैं।

जब कोई नया मेम्बर पहली बार क्लब हाल में क़दम रखता तो पुराने मैम्बरों के क़ीमती पहनावे और नफ़ीस मग़रिबी आदाब का जायज़ा लेते हुए उसकी चाल में थोड़ी झिझक और आवाज़ में हल्की-सी लुकनत आ जाती, लेकिन उनसे घुल-मिल जाने के बाद उसकी मूरत भी दीगर सब मूरतों में ख़ूब आरास्ता नज़र आने लगती। डियर मिसेज बेकी जब उसे अपने हाथों से तैयार कर एक नये अचार की खूबियाँ गिनवा रही होतीं तो वह चुपके-चुपके उसकी खट्टी-मीठी निगाहों का मज़ा चखता रहता। लम्बा, अधेड़ उम्र बुल अपने डिपार्टमेंट की क़ौमी ख़िदमात का ज़िक्र छेड़ देता तो वह हैरत और तहसीन से अपनी आँखें फैला देता। शहर के सबसे ज़्यादा दौलत मन्द आदमी नारायण जी के बेकार नौजवान लड़के की बातें सुनते हुए उन्हे यक़ीन दिलाता कि मुस्तक़बिल क़रीब में सारा मुल्क उसे एक बहुत बड़ा

रहनुमा तस्लीम करने पर मजबूर हो जायेगा। फिर जैसे सब मेम्बर उससे बेहद ख़ुश होकर उसके बहुत क़रीब खिंच आते और अब उससे अपना ज़ाती राब्ता महसूस करते हुए वह उन सब की तरफ़ इस तरह देखता गोया कहना चाहता हो—''अब तुम लोग भी मेरे मुतअल्लिक़ कोई ख़ुशगवार बात कहो।''

''अशोफ़ी साहब आपका मुतालेआ बहुत गहरा है।''

''अशोफ़ी साहब केनिया टाइम्स में आपका मज़मून पढ़ा था। मआशियात[1] पर इससे अच्छा मज़मून आज तक मेरी नज़रों से नहीं गुज़रा।''

''अशोफ़ी साहब आपका शेव बहुत साफ़ होता है, आप कौन-सा ब्लेड इस्तेमाल करते हैं?''

जब सब लोग देवताओं से मुँह मोड़कर एक ख़ुदा की इबादत शुरू कर देते हैं तो मिट्टी की मूर्तियाँ ख़ुद ही एक-दूसरे को पूजने लगती हैं।

आज भी हस्बे-मामूल सब लोग क्लब में जमा थे। बायें कोने में बार काउंटर के क़रीब जब हरमुज़ जी ताश की बाज़ी हार गया, तो शर्त के मुताबिक़ उसने अपने सारे ग्रुप को व्हिस्की का एक-एक डबल पेश किया।

''अरे हरमुज़ जी,'' राधाकृष्ण हाथ में अख़बार लिये किसी दूसरे ग्रुप से उठकर तेज़-तेज़ क़दमों से आया, ''यह देखो हरमुज़ जी,'' उसने हरमुज़ जी को अख़बार देते हुए कहा, ''श्याम जी हीर जी का दीवाला पिट गया।''

''दीवाला पिट गया?'' डॉक्टर इनाम ने इत्मीनान से व्हिस्की के गिलास को मुँह की तरफ़ ले जाते हुए पूछा, और सोचने लगा कि शायद आज-कल ही श्याम जी पर फिर हार्ट अटैक हो और वह उसे फ़ौरन बुला भेजे। ''बड़ी अफ़सोसनाक बात है।'' अपनी व्हिस्की ख़त्म करके गिलास ख़ाली पाकर वह बहुत रंजीदा नज़र आने लगा।

''श्याम जी बड़ा होशियार आदमी है।'' हरमुज़ जी ने अख़बार से नज़रें हटाकर कहा—''दीवालिया होकर भी उसने पन्दरह हज़ार पौंड की बचत की है।''

''वह कैसे?''

''दो-तीन माह हुए उसने यह रक़म अपने बड़े बेटे के नाम मुन्तक़िल करके कालोनी के बाहर भेज दी थी। हरमुज़ जी ने दिल ही

1. अर्थशास्त्र

दिल में फ़ैसला कर लिया था कि वह भी अनक़रीब इंगलैंड के किसी बैंक में बीवी के नाम एक भारी अकाउन्ट खोल देगा।" उसने निहायत प्यार भरी नज़रों से अपनी बीवी की तरफ़ देखा जो नारायण जी के बेकार नौजवान बेटे के ख़ूबसूरत बालों को तारीफ़ी नज़रों से देखते हुए उससे पूछ रही थी कि आजकल वह उनके घर क्यों नहीं आता?

"आजकल इतनी एशियाई फ़र्में दीवालिया क्यों हो रही हैं?"

"आप नहीं जानते मिस्टर गुडलक, हम ताजिरों की हालत बहुत पतली हो चुकी है।" राधाकृष्ण अचानक किसी कीड़े की तरह दब कर कहने लगा। उसकी फ़र्म कई माह से बराबर घाटे में जा रही थी। "कालोनी में ऐसा कारोबारी मन्दा पहली बार आया है। आदमियों के ढेर लगे हुए हैं, मगर गाहक का निशान नहीं मिलता।'

"हाँ, आजकल वाक़ई बहुत मन्दा है", नारायण जी का बेटा गोया हुआ, "मेरे पिता जी कह रहे थे कि हमारी फ़ैक्टरी से कम-से-कम बीस आदमियों की छँटनी होगी, तीन यूरोपियन, सत्रह एशियन! मिस्टर गुडलक, आपका गिलास ख़ाली हो चुका है, ब्वाए।"

"हमारे पोस्ट ऑफ़िस में अगले माह नब्बे आदमियों को छुट्टी मिल रही है।" मिस्टर हार्डस्टोन, जी.पी.ओ. के एक आला अफ़सर थे। "न जाने यह स्लम्प एक-बयक कहाँ से आ टपका है।"

"यह एक हमागीर स्लम्प है मिस्टर हार्डस्टोन।" अशोफ़ी साहब कहने लगे, "आज सारी दुनिया के मुमालिक एक-दूसरे का सहारा लेकर खड़े हैं। मेरे ख़याल में इंगलैंड और अमरीकन के हालिया ट्रेड स्लम्प से हमारी इक्तेसादी हालत पर बहुत बड़ा असर पड़ा है।" अशोफ़ी साहब की इधर-उधर घूमती हुई मुतकब्बिर,[1] दाद-तलब आँखें डियर मिसेज़ वेनी की खट्टी-मीठी आँखों से टकराकर ब-मुश्किल संभल सकीं। "आज मिस्टर वेनी क्लब में क्यों नहीं आये, मिसेज़ वेनी?"

"कल अदालत में उनका एक ज़रूरी केस है, उसकी तैयारी कर रहे हैं।" जैसे मिसेज़ वेनी कह रही हों, "उनकी ग़ैरमौजूदगी से क्या होता है? आप जो मौजूद हैं।"

अशोफ़ी साहब खुश होकर कहने लगे, "मगर आप यकीन कीजिए, यह स्लम्प हमेशा नहीं रह सकता।"

"मैं जब उन्नीस सौ पचास में पहली बार यहाँ आया," शमशेर सिंह की आदत थी कि अपनी आवाज़ को बड़े ध्यान से सुनता, "तो

1. घमंडी

इस मुल्क में कोई ग़रीब नज़र नहीं आता था।'' एक अफ्रीकी बैरा आर्डर के मुताबिक़ ब्रांडी मिली कॉफ़ी का प्याला लिये शमशेर सिंह के आगे आ खड़ा हुआ। ''कोई ग़रीब नज़र नहीं आता था, कोई बेकार नहीं था, बल्कि काम के लिए आदमी नहीं मिलते थे, मगर आज किसी मामूली नौकरी के लिए भी बेचारे बीसियों उम्मीदवार दौड़ते फिरते हैं।''

''मैं कितनी अच्छी अँग्रेज़ी बोलता हूँ।'' शमशेर सिंह का ज़हन उसकी पीठ ठोंकने लगा, ''कितनी अच्छी! सब मेरे अँग्रेज़ी लबो-लहजे से मरऊब नज़र आते हैं।''

''आप ठीक कहते हैं, मिस्टर सिंह! मेरा पिछला महीना सिर्फ़ दो असामियों के लिए मुनासिब आदमी चुनने के लिए ज़ाया हो गया। दरख्वास्तें पढ़ते-पढ़ते आँखें थक गयीं। हर रोज़ बंगले में कोई न कोई किसी की सिफ़ारिश के लिए मौजूद होता। अब आप ही बताएँ, दो हज़ार तनख़्वाह पाने वाला आदमी कब तक अपना क़ीमती वक़्त इन मामूली बातों में जाया करता फिरे।'' स्पीकर की निगाहें इधर-उधर देखते हुए कहने लगीं, ''मैं दो हज़ार माहवार तनख़्वाह लेता हूँ, सुना?'' और फिर वह बड़े मज़े से अपना अमरीकन सिगार सुलगाने में मशग़ूल हो गया।

''मगर यह सर्द बाज़ारी कहाँ से आ गयी है?'' रामकृष्ण अपना घाटा गिनते हुए बौखला कर स्टाउट का सारा गिलास ग़ट-ग़ट चढ़ा गया।

''मैंने अर्ज़ किया है ना कि यह स्लम्प हमागीर है, मआशियात के उसूल के मुताबिक़।''

स्टाउट से रामकृष्ण का तजस्सुस मज़ीद उभर कर उसे बेताब करने लगा। उसने अशोफ़ी साहब को टोकते हुए पूछा—''मगर इसका अस्ल सबब क्या है?''

''अस्ल सबब?'' नारायण जी का लड़का व्हिस्की के नशे में लहराकर उठ खड़ा हुआ, और मिसेज़ हरमुज़ जी से पूछने लगा, ''अस्ल सबब क्या होता है, मिसेज़ हरमुज़ जी? मुझे आज अस्ल सबब का मतलब ज़रूर समझाओ।''

मिसेज़ हरमुज़ जी उसे अपने पास बिठाकर प्यार से उसके ख़ूबसूरत बाल छूने लगी।

हरमुज़ जी ने उन दोनों की तरफ़ देखते हुए सोचा कि वह इंगलैंड का अकाउंट अपनी बीवी के नाम नहीं खोलेगा।

''मिस्टर रामकृष्ण—'' उसने कहा, ''इस स्लम्प का अस्ल सबब

शायद यह है कि अब हमें पहले की तरह एक-दूसरे पर भरोसा नहीं रहा।''

''अब हमें अपना मुस्तक़बिल तारीक नज़र आने लगा है।''

''बाज़ार में मुक़ाबला बढ़ गया है।''

''पैसे कम हो गये हैं।''

''नो पॉलिटिक्स प्लीज़।''

''मगर मैं पूछता हूँ कि मन्दे का अस्ल सबब क्या है?'' रामकृष्ण व्हिस्की का एक और आर्डर देना चाहता था, लेकिन उसे याद आया कि उसने अपने इनकम टैक्स एडवाइज़र को अपने घर डिनर पर मदऊ कर रखा है। उसकी पाँच साल पहले की इनकम टैक्स के मुताअल्लिक़ कोई झगड़ा उठा हुआ था। वह जाने के लिए खड़ा हो गया। ''समझ में नहीं आता कि इस मन्दे का अस्ल सबब क्या है?''

जब क्लब के सब मेम्बर अपनी-अपनी कार में बैठकर चले गये तो अफ़्रीकी मुलाज़मीन जल्दी-जल्दी बाक़ी काम से फ़ारिग़ होकर सर्वेंट्स क्वार्टर में इकट्ठे हो गये। मेसूकी ने सबकी तरफ़ मुस्करा-मुस्करा कर देखते हुए एक बोतल निकाली, जिसमें सब बैरों ने क्लब के मेम्बरों के गिलासों में से बची-खुची शराब चुपके से जमा कर ली थी।

''लोज़ेगो, हो जाओ तैयार!''

''आज काफ़ी काकटेल जमा हो गयी है।''

''हरमुज़ जी की मेम साहब ने आज तो अपना आख़िरी पेग छुआ भी नहीं।''

''उसकी उँगलियाँ जब उस लौंडे के बाल छूने लगती हैं, तो वह अपना पेग अक्सर भूल जाती है।''

''साला हार्डस्टोन साहब तो एक क़तरा भी बाकी नहीं रहने देता।''

सब बैरे 'काकटेल' को अपने-अपने गिलास में उड़ेल कर पीने लगे।

''मटेले, गुडलक की मेम साहब बड़ी मज़ेदार औरत है, चकोले से भी ज़्यादा।''

''हमारी औरतों में यह बात क्यों नहीं होती, रफ़ीकी?''

'सेंटों की बात है, डोगो, औरत तो है ही बड़ी अच्छी क्यूटो, बेफ़िक्री का जीना तो भेड़ को भी अनोखा बना देता है।''

''छोड़ो, क्या क़िस्सा ले बैठे'', बूढ़े मेथेका से न रहा गया, ''कोई काम की बात करो, मेसोकी, यह स्लम्प क्या होता है? साहब लोग

कहते हैं हमारे मुल्क में बड़ा भारी स्लम्प आया हुआ है।''

''स्लम्प?'' नीम ख़्वान्दा मेसोकी सोच रहा था कि पहले अपना गिलास ख़ाली कर लूँ, फिर इन्हें स्लम्प का मतलब समझा दूँगा।

''यह लोग अपने धन्धों की बातें करते हैं, रफ़ीक़ी।'' मारागोरी कहने लगा।

''मैं तो समझता हूँ कि स्लम्प कोई अच्छी क्यूटो ही होगी जो शराब की लागत पहले से दो गुनी हो गयी है।''

''मेसोकी, बताओ ना, स्लम्प क्या होता है?''

मेसोकी ने जल्दी-जल्दी अपना गिलास ख़ाली किया, होंठ पोंछे और ख़ाली गिलास में और काकटेल उड़ेल कर मुस्कराने लगा।

''मज़े, स्लम्प मन्दे को कहते हैं। यह लोग कहते हैं कि हमारे मुल्क में आजकल बड़ा मन्दा आया हुआ है।'' मेसोकी ने अपना गिलास फिर मुँह से लगा लिया।

''हा, हा, हा—मन्दा आया हुआ है—हह, हह—।'' मटेले हँसने लगा। वह अक्सर कहा करता, ''थोड़ी पीकर यारों में हँसते हुए उसकी सूझ-बूझ बहुत बढ़ जाती है।''

बताओ वेजांगो, ''भला तुम्हें यह मन्दा कब से नज़र आ रहा है?'' मटेले ने गोया अपने आप ही से पूछा हो, जवाब देने से पहले उसकी ख़न्दाँ आँखों में घनी उदासी उभर आयी, जैसे कोई लाश फूल कर पानी की ताबिन्दा सतह पर आ जाये।

''वेज़ांगो, हमारे बुआने कहते हैं, बंदा आज आया है, मगर मैं तो इसे कई साल से नंगा-धड़ंगा देख रहा हूँ। 1930 से भी पहले से, जब मैं एक बनिये के जूठे बर्तन माँजते हुए सोचा करता था कि मेरे माँ-बाप मुझे गाँव में अपने पास क्यों नहीं रखते—।''

जब ज़िन्दगी मर जाती है!

पौ फटने वाली थी कि अधेड़ उम्र थामस जरोगे आँखें मलता हुआ बेदार हुआ और बिस्तर से उठने से पहले अपनी बीस बरसों की आदत के मुताबिक़ फिर आँखें बन्द करके दुआ करने लगा, "ऐ ख़ुदा हमारी आँखें हमेशा खुली रहें, ताकि हम अपने आस-पास की तमाम फ़ानी आशिया में तेरी लाज़वाल बरकतों का नज़ारा करके तेरा शुक्र अदा कर सकें, आमीन।"

उसने अपनी आँखें खोलीं, आस-पास लेटे हुए बीबो-बच्चों को प्यार भरी नज़रों से देखा, उठकर पहलू के कमरे में खाँस्ती हुई बूढ़ी माँ को 'जाम्बो' किया और अपने सरकारी क्वार्टर के बाहर नल के क़रीब खड़े होकर दाँत साफ़ करते हुए कोई मुकद्दस 'हिम' गाने लगा।

"ख़ुदा के बेटे ने अपनी क़ुरबानी से पहले ख़ुश-आइन्द मुस्तक़बिल की ख़बर दी।

ख़ुदा का बेटा कभी झूठ नहीं बोलता—।"

पहलू के क्वार्टर में नौजवान कोटीनो अपने बिस्तर पर करवट बदलते हुए बोली, "यह ख़ुदा का बेटा न सोता है, न सोने देता है।"

कुछ देर में जरोगे नहा-धोकर तैयार हो गया। अब तक घर के तमाम अफ़राद जाग उठे थे। उसकी बीवी रसोई में नाश्ता तैयार करने में मशग़ूल हो गयी, दो बड़े बच्चे शोर मचाते हुए स्कूल जाने की तैयारी करने लगे, उसकी बूढ़ी माँ की खाँसी थम गयी और वह अपनी डेढ़ साल की पोती ज़ाया को चारपाई पर बिठाए उससे हँसने-खेलने लगी। यूँ मालूम होता था कि उस बेजान, तारीक घर को अभी-अभी किसी परी ने अपनी जादुई छड़ी से छू लिया है, जिससे चारों तरफ़ नूर बरसने लगा है, साकित घर का वजूद खुद-ब-ख़ुद हरकत में आ गया है। उठकर हँसते हुए ज़िन्दगी की आँख-मिचौली में शरीक हो गया है।

जरोगे ने अपनी ऐनक के शीशे साफ़ करके उसे आँखों पर सेट किया और मुस्कराते हुए इधर-उधर देखने लगा, गोया कहना चाहता हो, "आदमी कितना ख़ुश किस्मत है। मैं कितना ख़ुश किस्मत हूँ।"

ख़ुशी में सर हिलाते हुए वह अपनी बीवी का हाथ बँटाने के लिए किचेन में चला आया, "लाओ कोदिया चाय मैं देखता हूँ, तुम टोस्ट तैयार कर लो।"

वह निहायत मुहब्बत की नज़र से अपनी बीवी को देखने लगा।

"मैं सोचता हूँ मोदिया, अगर तुम मोदिया न होती तो जरोगे होती, और अब जरोगे नहीं हो मोदिया हो। तुम ही बताओ, हम दोनों में फ़र्क ही क्या है?"

अपना बायाँ पहलू मोदिया के दायें पहलू से बिल्कुल जोड़ कर वह मुस्कराते हुए उसकी आँखों में झाँकने लगा, गोया यह कहने का मुतमन्नी हो कि हम अपने बच्चों के माँ-बाप हैं, मोदिया। यह बच्चे हमारे प्यार के नन्हे-मुन्ने गीत हैं—बाइबिल के गीतों की तरह, जो बनी नौए-इनसान को उसकी बक़ा का यक़ीन दिलाते रहते हैं।

"मोदिया, इनसान कभी नहीं मरता, क्योंकि उसकी बूढ़ी ज़िन्दगी अपने बच्चों की ताज़ा मुस्कराहटों में जज़्ब होकर अज़ सरे-नौ शगुफ़्ता और नौ-उम्र हो जाती है।

इसी दौरान उनकी बेटी ज़ाई रोने लगी, जरोगे दौड़कर अपनी बेटी के पास आ गया, और उसे गले लगा कर पुचकारने लगा। "न रो बेटा, हमारी बिटिया बड़ी अच्छी है, बड़ी सुन्दर है, बड़ी—"

जरोगे की बूढ़ी माँ मुस्कराने लगी, "बूढ़े हो गये हो जरोगे मगर फिर भी निरे बच्चे हो। यह भली-भली बातें बच्चों को भरे पेट ही अच्छी लगती हैं।" फिर उसने मोदिया को आवाज़ दी—"अभी ज़ाई के लिए दूध तैयार हुआ है या नहीं?"

दूध की बोतल मुँह में लगा कर ज़ाई ख़ुद-ब-ख़ुद चुप हो गयी और अपने बाप के चेहरे की तरफ़ देखते हुए गोया उसकी मुत्मईन आँखें कहने लगीं, "अब बताओ अब्बी तुम क्या कह रहे थे?"

जरोगे अपनी बेटी के आँसुओं को पोंछकर प्यार से कहने लगा, "हमारी ज़ाई बड़ी अच्छी है, बड़ी सुन्दर है,—बड़ी—।"

ज़ाई अपने बाप की नाक पकड़कर खिलखिलाकर हँस पड़ी, मानो कहना चाहती हो—"बाबा तुम निरे बच्चे हो—"

जब दफ़्तर जाने के लिए जरोगे घर से बाहर निकला तो ताबाँ दिन ने हँसते हुए उसका इस्तक़बाल किया। यह ख़ूबसूरत दिन उसका जाना-पहचाना ख़ुश-आइन्द दिन था। मामूल के मुताबिक उसने आगे बढ़ कर उसे गले लगा लिया।

बाहर ज़िन्दगी बड़ी ताज़ा दम नज़र आ रही थी, हश्शाश-बश्शाश

और पुर-उम्मीद, सारे दिन के इज़्महलाल से बेपरवाह, रवाँ-दवाँ और मुस्तइद।

"आओ खड़े-खड़े मुँह क्या देख रहे हो? यहाँ भाग-दौड़ के बग़ैर किसी को प्राइज़ नहीं मिलता।" जरोगे अपने प्राइज़ के बारे में सोचने लगा, चार सौ शिलिंग माहवार, सरकारी क्वार्टर और मेहरबान अफ़सर!

उसकी पच्चीस साला क़ाबिले-एतमाद मुलाज़िमत का यह प्राइज़। हर माह की पहली तारीख़ को जब वह अपनी तनख्वाह अधेड़ उम्र मोदिया की हथेली पर रखता तो उसकी आँखों की चमक में जवानी का रस घुलने लगता। उसकी उम्र दराज़ माँ खुशी से आबदीदा हो जाती और सोचती कि अगर आज जरोगे का बाप ज़िन्दा होता तो शादमानी से उसके पाँव ज़मीन पर न टिकते। बेचारे ने सारी ज़िन्दगी ग़रीबी में रो-रो कर काट दी थी।

चार सौ पचास शिलिंग। इस तनख़्वाह से वह अपनी ज़ाई के लिए दूध ख़रीदता अपने सब बच्चों की सेहत और तालीम ख़रीदता, अपना और कुनबे के अफ़राद का चैन ख़रीदता और यह सब कुछ ख़रीद लेने के बाद भी हर माह दो-चार पौंड बच जाते। ज़िन्दगी किस क़दर महफ़ूज़ और क़ाबिले-कुबूल थी।

सड़क पर तेज़-तेज़ चलते हुए जरोगे की निगाहें राहगीरों से कहने लगीं—"आओ, मेरी तरह तुम्हें भी प्राइज़ दरकार है तो हँसी-खुशी इस भाग-दौड़ में शरीक हो जाओ, आओ—।"

जरोगे अचानक ठोकर खाकर औंधे मुँह गिरने से बचा और हाँफते हुए अपनी रफ़्तार को ज़रा सुस्त कर लिया।

जरोगे कई साल से यह रास्ता हर रोज़ तय करता था, यह फासला जिसकी पेशानी पर इनसान की अनथक जद्दोजेहद थी दिलकश तसवीर खिंची हुई थीं। इनसानी नौअ[1] की बहबूदी[2] के लिए उसकी बेलौस ख़िदमात के ताबनाक ख़ाके बने हुए थे। यह रास्ता और जरोगे एक-दूसरे से बख़ूबी वाक़िफ़ थे, पुराने दोस्त थे, उस वक़्त से जब बचपन में नंगा-धड़ंगा जरोगे इस सड़क के नंगे सीने पर दौड़ने-फुदकते अपने बाप की बकरियाँ चराया करता था। आज धरती ने भी अपने वजूद को शानदार यूरोपी लिबास से ढाँप लिया था। और जरोगे भी कोट-पतलून पहने हुए था।

"यह सिटी स्क्वैर! शहर के पहले अंग्रेज़ सिटी इंजीनियर का वह

1. तरह, क़िस्म, 2. भलाई

बुत, शहर की आला तर्जे-तामीर को देख-देख कर फ़ातेहाना अन्दाज़ में मुस्कराता हुआ, स्क्वैर के आस-पास बीसियों ऊँची-ऊँची इमारतें, गोया इनसान के अज़ीम इरादों पर ग़ौर करते हुए तअज्जुब और तारीफ़ से खड़ी की खड़ी।''

म्यूनिसिपल अस्पताल की इमारत के सामने पहुँचकर जरोगे ज़रा ठहर गया। यहाँ के खूबसूरत बाग के रंग-बिरंगे फूल हर नये मरीज़ का पुर-तपाक इस्तक़बाल करते हैं। ''यहाँ के फ़िज़ीशियन और सर्जन साफ-साफ ऐप्रिन पहने हरदम बीमारों की ख़िदमत में मसरूफ़ रहते हैं, यहाँ की नर्सों का मासूम हुस्न तड़पते हुए बीमारों का सारा ज़हर हँसते-हँसते चूस लेता है।'' जरोगे उन दिनों को याद करने लगा जब दो साल पहले वह मौत और ज़िन्दगी की सरहद पर तड़प रहा था और उसे यहाँ लाया गया था। उसने दिल ही दिल में अस्पताल के सब कारकुनान को सैकड़ों दुआएँ दीं जिन्होंने उसकी प्यारी मोदिया को बेवा होने से बचा लिया, फूल से बच्चों का सहारा क़ायम रख, बूढ़ी माँ की लाठी न टूटने दी। एहसान और तशक्कुर से जरोगे की आँखें डबडबा आयीं।

रोमन कैथोलिक चर्च के क़रीब आकर जरोगे ने ताज़ीम से अपना सर झुका लिया।

''इस चर्च का कलश आसमान की ताबिन्दा नीलाहट की जानिब उँगली उठाये एक रास्ता दिखा रहा है, उस रास्ते पर बहुत बड़ा क्रास इस्तादा है। उस क्रास से ईसा मसीह के ख़ून की धार बह रही है, इस धार से इनसानियत की मुस्कराहटें सैराब होती रहती हैं।''

''गुड मार्निंग फ़ादर!''

''गुड मार्निंग जरोगे।'' पादरी बहुत जल्दी में नज़र आ रहा था लेकिन जरोगे को देख कर रुक गया, ''कहो, मोदिया का क्या हाल है?''

''अच्छी है फ़ादर।''

''पिछले संडे को वह सर्विस से ग़ैर हाज़िर थी, उसे अपने साथ ज़रूर लाया करो बेटा।''

गड़रिया अपनी भेड़ों के लिए कितना फ़िक्रमंद रहता है।

अब जरोगे नानों के रेस्तोराँ पर आ पहुँचा। नानों उसका लँगोटिया यार था और उसका यह छोटा-सा रेस्तोराँ जरोगे की गुमशुदा मुफ़लिसी और जवानी का एक ख़न्दाँ निशान था। पुराने वक़्तों में जब वह एक बार दो-डेढ़ बरस तक बेकार रहा तो यहाँ चकोला, अंडे और चूजे का

गोश्त खाने के लिए यूँ भागा चला आता गोया यह उसकी माँ की चकोनी हो।

नानों यहाँ हर रोज़ दो सिगरेट सुलगा कर एक अपने दोस्त को पेश करता और एक अपनी उँगलियों में दबा लेता। फिर जरोगे उसे ज़बरदस्ती दो-चार नसीहतें पिलाता और वह कड़वे घूँट भर-भर कर मुँह बनाता रहता।

"नानों, कल तुम फिर शराब पीकर पार्क में बहक रहे थे?"

"तो क्या हुआ रफ़ीक़ी, बहक ही तो रहा था, ख़ून तो नहीं कर दिया किसी का—"

"अब तुम्हारा वक़्त अपनी आक़बत सँवारने का है, नानों।"

"देखो जरोगे, तुम आक़बत को सँवारे रहते हो, और मैं उसका जी बहलाता रहता हूँ, सिर्फ़ बनाने-सँवरने से ही तो काम नहीं चलता।"

नानों की दुकान से आगे बढ़कर जरोगे सोचने लगा कि मेरा यार ज़रा खिलन्दड़ा है लेकिन है दिल का सच्चा मोती। उसने दिल पर क्रास का निशान बना कर दुआ माँगी कि मानो जैसे सच्चे मोतियों से दुनिया हमेशा जगमगाती रहे।

जब दफ़्तर तक पहुँचने में कोई सौ-पचास गज़ का फ़ासला रह जाता तो जरोगे की निगाहें वहाँ एक लँगड़े फ़क़ीर को ढूँढ़ने लगतीं, जो उस वक़्त हर रोज़ सड़क के किनारे एक आम के दरख़्त के नीचे चादर फैलाये बैठा होता। हर रोज़ उसे एक कंगोतरे देकर जरोगे की रूह को बड़ी तस्कीन होती और उसकी दुआएँ सुन-सुनकर जरोगे चाहता कि छोटे-बड़े के झूठे फ़र्क़ को बालाए-ताक रखकर वह उसे अपने सीने से लगा ले।

आज भी जरोगे की निगाहें उस दरख़्त की जानिब उठीं लेकिन ख़िलाफ़े-तवक्को फ़क़ीर को वहाँ न पाकर इधर-उधर भटकने लगीं। दरख़्त के ऐन नीचे आकर जरोगे को महसूस हुआ कि अगरचे फ़क़ीर का वजूद वहाँ मौजूद नहीं, मगर उसकी रूह अपनी जानिब दोनों हाथ फैलाये भीख माँग रही है। जरोगे की रूह ने आज कंगोतरे के बजाय वहाँ चमकती हुई एक समोनी रख दी।

एक रूह दूसरी रूह को दुआएँ देने लगी।

"ख़ुदा करे तुम्हारा नाम रहती दुनिया तक ज़िन्दा रहे।"

जरोगे की रूह यह सुनकर मुस्करा उठी।

"इनसान का नाम हमेशा ज़िन्दा रहेगा।"

"तुम्हारे बूटे हमेशा लहलहाते रहें।"

"ख़ुदा ने होली बुक में वादा कर रखा है कि सब बूटे लहलहाते रहेंगे।"

"तुम्हें यह समोनी पचास सौ शिलिंग बढ़ कर मिले।"

"यही होली लार्ड का भी फ़रमान है। ख़ैरात कई सौ गुना बढ़कर मिलती है।"

दफ़्तर के गेट में दाख़िल होते हुए जरोगे बहुत ख़ुश नज़र आ रहा था। गेट पर ऑफ़िस बोर्ड ने गोया उससे देख कहा, "शाबाश! तुम बहुत नेक हो, शाबाश!"

अपनी पीठ पर थपकी महसूस कर जरोगे अपने आप से कहने लगा, "दरअस्ल हम सब बहुत नेक हैं, हर इनसान नेकी प्यार और बेग़रज़ी का सरचश्मा है, उसकी इन्हीं ख़ूबियों की बदौलत ज़िन्दगी की ख़ूबसूरती साँस ले रही है।"

ज़रा आगे बढ़कर उसे अपना नया नौजवान अफ़सर मिस्टर अलबर्ट नज़र आया। उसने ख़ुशी-ख़ुशी बुलन्द आवाज़ में कहा, "गुड मार्निंग सर।"

मिस्टर अलबर्ट ने मुड़कर उसकी तरफ़ देखा और समझा कि शायद जरोगे उससे मुख़ातिब नहीं, इसलिए वह कोई जवाब दिये बग़ैर आगे हो लिया।

"मिस्टर अलबर्ट कितना अच्छा आदमी है। इतना बड़ा अफ़सर है लेकिन गुरूर छुवा भी नहीं।"

जरोगे की शादमानी झूम रही थी।

दोपहर को दफ़्तर के सब लोग बाहम बैठे चाय पी रहे थे कि सीनियर आफीसर्ज़ की बात चल निकली।

"अरे तुम उस बद-दिमाग़ कमीने की बात कर रहे हो? मेरे बस की बात हो तो उसे गोली से उड़ा दूँ।"

"पेटीसन को कौन नहीं जानता यार, हरदम माथे पर त्योरी चढ़ाये रखता है, पता नहीं अपने आपको समझता क्या है, हरामी का पिल्ला!"

"आज सवेरे अलबर्ट मुझ पर बिला वजह गरजने लगा, मैंने भी ख़बीस को वह सुनाई कि तिलमिला उठा।"

"अरे भाइयो," जरोगे उन सबकी तरफ़ देखते हुए निहायत नर्म लहजे में बोला, "इस तरह अपने अफ़सरों की बद-ख़्वाही से तुम्हें मिल ही क्या जाता है? ख़्वाहमख़्वाह क्यों परेशान होते रहते हो?"

सब क्लर्क आँखों से एक-दूसरे से बातें करने लगे।

"ख़ुशामदी!"

"गुलाम!"

"बड़ा ख़तरनाक आदमी है!"

जरोगे कह रहा था,—"हर इनसान अपने-अपने ढंग में ठीक होता है। अगर वह बुरा होता तो इनसान न होता।"

"रियाकार!" एक और नज़र ने उस पर बन्दूक़ की गोली छोड़ी।

जरोगे ने बड़े सुकून से मुस्कराते हुए उन सबको देखा, गोया उसे यक़ीन हो कि अब वह अपने किये पर पछता रहे हैं।

दफ़्तर से छुट्टी मिलने में पाँच-दस मिनट बाक़ी थे कि चपरासी ने आकर जरोगे को इत्तिला दी कि उसे मिस्टर अलबर्ट ने बुलाया है, जरोगे ख़ुश-ख़ुश मिस्टर अलबर्ट के ऑफ़िस में दरवाज़े पर आया लेकिन अन्दर चूँकि दो-चार क्लर्क अलबर्ट से बात कर रहे थे, इस लिए वह बाहर रुक गया।

"कम इन" मिस्टर अलबर्ट ने तहक्कुमाना अन्दाज़ में कहा।

"यह देखिये, इस रजिस्टर में पूरी आधा दर्जन इंट्रीज़ ग़ल़त हैं।"

जरोगे माफ़ी माँगने के अन्दाज़ में हथेलियाँ मलते हुए मुस्कराने लगा।

"पच्चीस साल के तजरबे के बावजूद कोई ऐसी वाहियत ग़लतियाँ करता हो तो यह इन्तेहाई ग़ैर-ज़िम्मेदारी है।"

जरोगे बदस्तूर मुस्कराता रहा जैसे वह कहना चाहता हो, "मिस्टर अलबर्ट आप बहुत अच्छे हैं।"

"मैंने आपको मुस्कराता हुआ देखने के लिए यहाँ नहीं बुताया है। आपको तहरीरी बयान पेश करना होगा।" जरोगे की मुस्कराहटें पीली पड़ने लगीं और वह ख़फीफ़-सा होकर एक तरफ़ खड़े जूनियर क्लर्कों की तरफ़ देखने लगा।

"मुझे और भी रिपोर्ट मिली है, जिनसे ज़ाहिर होता है कि आपका काम बेहद ग़ैर-तसल्लीबख़्श होता जा रहा है।"

जरोगे की मुस्कराहटें यक्सर तारीक हो गयीं और वह हकलाते हुए बोला—"मगर—मगर—"

"मगर-वगर से कुछ नहीं बनेगा, कान खोलकर सुन लीजिए, मुझे यहाँ निकम्मे आदमियों की ज़रूरत नहीं है।"

"निकम्मा आदमी।" जैसे जरोगे की बूढ़ी ठोड़ी पर उस नौजवान अफ़सर ने अपने पालिश-शुदा चमकीले जूते से ठोकर मार दी हो।

"मुझे यहाँ निकम्मे आदमियों की ज़रूरत नहीं" क़रीब खड़े जूनियर क्लर्कों की ख़ामोशी क़हक़हे लगा-लगा कर उसका मज़ाक़

उड़ाने लगी।

दफ़्तर से घर लौटते वक़्त उसने एक क्लर्क को कहते सुना—"मिस्टर अलबर्ट दिल का बहुत नेक है।"

"नेक?" जरोगे दाँत पीसने लगा।

रास्ते में उस आम के दरख़्त के नीचे लँगड़े फ़क़ीर की खाली जगह बता रही थी वह आज सारा दिन वहाँ नहीं आया था।

"शायद—शायद अचानक उसकी मौत हो गयी है।" यह सोच कर चेहरे से अफ़सोस ज़ाहिर करने के बजाय वह तल्ख़ अन्दाज़ में मुस्कराने लगा।

आगे जाकर वह पहले मोड़ पर रुक गया। वह हर रोज़ उसी दायीं सड़क से दफ़्तर आता-जाता था। यह रास्ता नानों की दुकान से गुज़र कर रोमन कैथोलिक चर्च और म्यूनिसिपल अस्पताल से होते हुए उसके घर तक जा पहुँचता। जरोगे ने मशकूक नज़रों से उस रास्ते की ओर देखा और मुँह सिकोड़ कर खिलाफ़े-मामूल आज दूसरी सड़क की तरफ़ मुड़ गया।

घर के दरवाज़े पर उसकी अधेड़ उम्र वफ़ादार गोदिया ने अपनी नौजवान रस भरी मुस्कराहटों से उसका इस्तक़बाल किया, मगर वह झुँझला कर सोचने लगा कि औरत बूढ़ी हो जाये तो उसे जवान बन-बन कर अपनी नुमाइश नहीं करनी चाहिए।

ज़ाई ने अपने बाप की तरफ़ प्यार भरी मासूम नज़रों से देखा और अपने खिलौनों के से हाथ फैला दिये, मगर पेशानी पर शिकन डाले हुए जरोगे तेज़-तेज़ आगे बढ़ गया।

उसकी मुहब्बत और बक़ा का यह नन्हा-मुन्ना गीत रोने लगा, और अपने छोटे-छोटे क़दमों से लुढ़कता हुआ जरोगे के पीछे-पीछे चला आया।

जरोगे ने ग़ज़बनाक नज़रों से अपनी डेढ़ बरस की ज़ाई को घूरा—"मौत के साये की तरह हरदम सर पर मँडलाती रहती है।"

"जरोगे! जरोगे बेटा।"

जरोगे को मालूम हुआ कि उसकी माँ की आवाज़ किसी मक़बरे में काँप-काँप कर गूँज रही है—"जरोगे!"

मगर मुर्दे क्या ख़ाक जवाब देंगे?

धरती का काल

खुदा के खुले आसमान के नीचे लेक साहब की धरती पर उनका अफ्रीकी लेबर आग ताप रहा था।

मबोया ने अपने बूढ़े बदन को बोसीदा कम्बल से अच्छी तरह ढाँप लिया और ठिकुरी-सी आवाज़ में मेंडका से पूछने लग—"बुढ़ापे में आदमी अपनी जवानी क्यों याद करता रहता है?"

"क्योंकि उसे सर्दी बहुत तंग करती है।"

"यह कम्बल मुझसे भी बूढ़ा है," मबोया ने एक सुलगती हुई लकड़ी को आग में झोंक कर कहा, "ज़रा आराम पहुँचाना तो दरकिनार, उल्टा मेरी हड्डियों से रही-सही गर्मी भी खींचता रहता है।"

"मेरे बाप ने सारी उम्र गर्म कपड़ा देखा भी नहीं था।"

"अरे तू गर्म कपड़े की बात छोड़ कर देखना, मेरे बाप ने अपनी खाल के सिवा कभी कुछ पहना ही न था" मबोया ने गचरु की बात का जवाब देते हुए बूढ़े कम्बल को और ज़्यादा अपने साथ चिमटा लिया, गोया अपनी गर्मी वापस छीन लेने के लिए उससे लड़ रहा हो। "नब्बे बरस की उम्र में उसे बड़ा सख़्त बुख़ार आया, मरते-मरते भी बदन से गर्मी के पहाड़ फूटते रहे," मकांगा हाथ बाँध कर कहने लगा—"भई यह तो खुद किलमंजारु[1] दादा अपनी आग बरसा रहा है, मेरी झाड़-फूँक बेचारी यहाँ क्या करेगी?"

सब मजदूर घड़ी भर के लिए आग तापना भूल गये। उनकी नज़रें बेतहाशा दौड़कर किलमंजारु पहाड़ की गोद में जा खड़ी हुईं, लेक साहब के सरसब्ज़ खेतों के पार, वज़ोंगो मजदूरी के फ़ार्म ने आगे, दरख़्तों के उस धुँधले झुंड से भी कई कोस दूर। वहाँ उन सब के घर-बार थे, घास-फूस के छोटे-छोटे झोंपड़े, जहाँ उनकी बीवियाँ अक्सर अपना काम करती हुई रुक जातीं और लेक साहब के फ़ार्म की तरफ़ मुँह किये जाने से नहीं रहतीं। उन उदास सुहागनों को देख-देख कर

1. केनिया का एक पहाड़

किलमंजारु की आँखें भर आतीं और वह बेअख़्तियार रोने के लिए अपना पोपला मुँह घने बादलों में छिपा लेता।

''इस साल भी दादा कलमू के क़दमों पर ही काम मिल जाता तो मज़ा आ जाता।''

मखांबा अपनी नयी-नवेली दुल्हन के बारे में सोचने लगा। उसने दो बकरियों और तीन भेड़ों के बदले बड़े चाव से अपना ब्याह पटिया से रचाया था, दो भेड़ों का क़र्ज़ अभी तक बाक़ी था।

''मखांबा अगर टोटो होने से पहले-पहले भेड़ें न मिलीं'' पटिया के बाप ने दो टूक कह रखा था, ''तो छोकरिया और टोटो दोनों छीन लूँगा।''

मखांबा का जी चाहता कि शुतुरमुर्ग़ की तरह गर्दन अकड़ा कर फैलाये, अपनी मादा के सामने नाचता रहे, मगर दो भेड़ें भागती हुई टाँगों में आ घुसतीं और वह नाचना भूल कर लाठी लिए उन्हें पकड़ने को दौड़ता।

में—म—में—! उन भेड़ों को पकड़ने की नाकाम कोशिश करते-करते उसका दम फूल गया था।

''पटिया की याद सता रही है, मखांबा?''

'बेसब्र क्यों होते हो रफ़ीक़ी? पहले दो-चार शिलिंगी तो कमा लो।''

''ठीक कहते हो गचरु। वज़ोंगो का शिलिंगी तो शेंबे से भी ज़्यादा बलवान है।''

कभी-कभी हमारी बस्ती की सारी ज़मीन कलमू दादा की थी, वहाँ हमारी छोटी-छोटी खेतियाँ लहराया करती थीं। अधेड़ उम्र मुआज़ी का बचपन बड़ा सज-धज कर उसकी कीचड़ भरी आँखों के सामने आ खड़ा हुआ।

''दादा तो हमारा है, फिर वज़ोंगो के पास यह सारी ज़मीन कैसे चली गयी?''

''लो मैं तुम्हें पूरा क़िस्सा सुनाता हूँ,'' बूढ़े मबोया को आग के क़रीब सरकते देखकर दूसरे भी ज़रा नज़दीक खिंच आये—''यलोबा आग सर्द पड़ रही है, जाओ कुछ सूखी लकड़ियाँ चुन लाओ।''

''जाता हूँ मज़े, ज़रा यह बिल्ली का खून पी लूँ पहले।''

''अच्छा यह बात है, इसीलिए सबसे अलग बैठे हो।''

''लाओ यलोबा, थोड़ा इधर भी लाओ, ज़्यादा पियोगे तो पेट में जम जायेगा।''

"मज़े," डरोरो ने मबोया से कहा, "मैं आज खेत से कुछ आलू चुरा लाया हूँ, उस पेड़ के नीचे रखे हैं।"

"हाँ, हाँ, लाओ भून के खायेंगे।" जब डरोरो आलू लाने के लिए उठा तो मबोया सब की तरफ देख कर कहने लगा, "चोरी करना बहुत बुरी बात है, लेकिन अगर चोर बनना ही पड़ जाए तो अलुओं की चोरी मत किया करो। चुपके से कोई भेड़-बकरी उठा लाया करो। यारों में बैठ कर साबुत भेड़ भूने एक उम्र गुज़र गयी है।"

"मैं तो भेड़ के गोश्त का मज़ा ही भूल चुका हूँ, मज़े!"

"रोते क्यों हो, डोगो? मैं लाऊँगा भेड़ तुम्हारे लिए" गचरु बोला—"पर अपना बुआना हरामी एक पल के लिए भी किर्स भेड़ को इधर-उधर नहीं होने देता।"

"यह लो मज़े, आलू।"

"इन्हें आग में दबा दो। अगर सच पूछो वेज़ागो, तो भुने हुए आलू का मज़ा भी भेड़ का सा ही होता है।"

"बल्कि आलू भेड़ से कुछ अच्छा ही होता है, डोगो।"

"अगर वज़ोंगो बीमार पड़ जाये, तो वह आलू ही खाता है।"

"तुमने बताया नहीं मज़े, हमारे दादा की ताकत ढीली कैसे पड़ गयी।"

"आलू खा-खाकर जब वज़ोगो ने सारी भेड़ें अपने क़ब्ज़े में कर लीं तो बूढ़ा दादा आलू खा-खा कर ही गुज़ारा करने लगा।"

"तुम्हारी यह बात काटने की आदत बहुत बुरी है गचरु।" मेंडका, गचरु को तम्बीह करके फिर मबोया की तरफ़ मुतवज्जोह हो गया—"मज़े! दादा कलमो इतना ताक़तवर था, हर रोज़ पहाड़ की चोटी से उसके क़हक़हे गड़-गड़ सुनायी देते थे, फिर ऐसी आवाज़ें आने लगीं जैसे चाचा कटेंगा चारपाई से सर लटकाये लगातार खाँस-खाँस कर लहू थूका करता था, और अब वह आवाज़ें आना भी बन्द हो गयी हैं।"

"कहीं दादा कलमू मर तो नहीं गया?"

"नहीं, दादा कलमू हमारा मूंगू है, जब तक धरती पोशो उगलती रहती है, आलुओं के ढेर कूद-कूद कर बाहर आते हैं, उस वक़्त तक यही समझना चाहिए कि दादा ज़िन्दा है।"

"ठीक कहते हो, डोगो, दादा कलमू कभी नहीं मर सकत, वह कमज़ोर ज़रूर पड़ गया है मगर जिंदा है, शायद अपने बुरे दिन टाल रहा है।"

''अच्छा तो वेज़ोंगो, सुनो अपने दादा की कहानी'', बूढ़े मबोया ने बच्चे की सी मासूमियत के साथ कहना शुरू किया। छोटपन में मेरा बाबा यह कहानी सुनाया करता था—

''पहले-पहल यह सारी ज़मीन हमारे दादा ही की थी। उसने यह सारी धरती हमारे सिपुर्द कर रखी थी, काले आदमी के सिपुर्द, यहाँ काले आदमी ने छोटी-छोटी बस्तियाँ बसा रखी थीं। आस-पास बड़े घने जंगल थे और पहाड़ की चोटी पर दादा कलमू अकेला रहता था।''

''दादा कलमू अकेला क्यों रहता था, मज़े? नीचे उतरकर, काले आदमी के साथ क्यों नहीं रहता था?''

''ऊपर दादा को बड़ा काम था। चोटी पर बैठकर वह हर तरफ़ नज़र रखता, हमारी हिफ़ाज़त करता, आसमान से कह-सुन कर हमारी खेतियों के लिए मेंह भेजता, हमारे पीने के लिए मीठे पानी की नदियाँ उल्टा देता, पहाड़ के सीने में छेद करता रहता ताकि बीमारों के लिए दादा के गर्म चश्मे बहते रहें। कोई दो-चार काम हों तो गिनवाऊँ भी। ख़ैर आगे सुनो।''

''जब वज़ोंगो यहाँ पहली बार आया तो दादा की तबीयत बहुत ख़राब थी। ढेर-सा काम और हमारे दादा की अकेली जान, वह बीमार होकर कई दिन से सोया पड़ा था। वज़ोंगो ने अपने लिए यह बड़ा ग़नीमत मौक़ा समझा और पहाड़ पर कमन्दें डाल कर ऊपर चोटी पर जा पहुँचा।''

''ऊपर चोटी पर दादा के पास जा पहुँचा?''

''हाँ, दादा की मुक़द्दस बर्फ़ानी चोटी पर अभी किसी वाठू के क़दमों का निशान न पड़ा था मगर वज़ोंगो जो समन्दर चीर कर हमारे देस में आया था, वह देखते ही देखते दादा के पास भी जा पहुँचा। उसके दादा की बहुत सेवा की। मेरे बाबा को लेक साहब के बाबा ने बताया था कि दादा वज़ोंगो से बड़ा खुश हुआ और उससे कहा कि अब यहाँ का सारा धन्धा तुम ही सँभाल लो और मेरे काले आदमी के सर पर हाथ रख दो। वह बड़ा भोला है, कोई बल-छल नहीं जानता। मैं आज से यहाँ की सारी धरती, सारी नदियाँ, चश्मे और खेतियाँ तुम्हारे हवाले करता हूँ।''

''फिर क्या हुआ?'' भूखे डरोदो ने आग में दबा हुआ एक आलू निकाला, मगर यह अभी पूरी तरह नहीं भुन पाया था।

''फिर यही हुआ, जो तुम सब देख रहे हो। वह जंगल साफ़ करवाने में जुट गया। हमारे बाप-दादा भी दादा का हुक्म पाकर वज़ोंगो

का हाथ बँटाने लगे। अपने छोटे-छोटे खेतों को छोड़कर वज़ोंगो के बड़े-बड़े फ़ार्मों में काम करने लगे। दादा कलमू ने सारी धरती वज़ोंगो को सौंप दी थी, इसलिए वह इसी में काम करके ही अपना-अपना काम चला लेते।''

''जैसे हमारा काम चल रहा है।''

''हाँ, मगर वह दिन इतने बुरे न थे, खाने-पीने की सब चीज़ें खूब मिलती थीं और वज़ोंगो मेहरबान था।''

''वज़ोंगो उन्हें भेड़ें भी दिया करता था, मज़े?'' गचरु की ज़बान पर अभी तक भेड़ के गोश्त का ज़ायक़ा था।

''उन दिनों भेड़ें थीं ही बहुत, वज़ोंगो के फ़ार्मों के बाहर भी यह कुत्ते-बिल्लियों की तरह घूमती फिरती थीं।''

''मगर अब तो कुत्ते-बिल्लियाँ भी नज़र नहीं आते'' यलोबा ने अपना मन पसन्द बिल्ली का ख़ून फिर मुँह से लगा लिया।

''मैं पुराने ज़माने की बात कर रहा हूँ यलोबा, अब तो सारा मामला ही बदल चुका है। हमें अपने झोपड़ों के लिए भी मालिक को गज़-गज़ भर धरती का किराया देना पड़ता है। फिर भी वज़ोंगो का शुक्र है। मज़दूरी का शिलिंगी देकर ही सिमोनी लेता है।'

''मगर मैं तो समझता हूँ, मज़े, कि दादा अपने ही हाथ में सारा मामला रखता तो अच्छा था।''

''रखता तब ना? वह क्या कहावत है, हमारे बुज़ुर्गों की? अगर कोई वाक़ेया एक बार शुरू हो जाये तो उसे दोबारा नये सिरे से शुरू नहीं किया जा सकता।'' अनपढ़ मज़े की आवाज़ में अरस्तू के इल्म और वेक़ार का-सा ठहराव था।

''कभी-कभी किलमंजारु की चोटी पर बड़ी हौलनाक सीटियाँ बजने लगतीं। उन्हें सुनकर मेरा बाबा कहा करता, सुनो दादा रो रहा है। उससे हमारी बेघरी देखी नहीं जाती।''

''तब तो दादा ने बड़ी गहरी चुप साध रखी है।''

''यह बड़े गहरे पछतावे की चुप है, मेंडका। हमारा दुख देख कर वह कुछ कर नहीं पाता। वह देखो, मज़े मबोया ने किलमंजारु की बर्फ़ानी चोटी की तरफ़ इशारा किया—सोचते-सोचते उसके चेहरे की झुर्रियाँ जम कर रह गयी हैं।'' फिर वह भुने हुए आलू की खुशबू सूँघकर कहने लगा, ''मोआंजी, दो गरम-गरम आलू निकालना मेरे लिए।''

''एक-एक शिलिंग के लिए हम कहाँ-कहाँ टक्करें मारते हैं,

बाल-बच्चों को घरों में अकेला छोड़ रखा है। रफ़ीक़ी, एक आलू मेरे लिए भी।''

''बेसब्र क्यों होते हो डोगो, सब को मिलेगा।'' डरोरो ने सब यारों को अपने चुराए हुए आलुओं पर ललचाई नज़रें जमाए देखा तो सोचने लगा कि वह हर रोज़ आलू चुरा कर लाया करेगा।

''अगर मुझे आधी मज़दूरी पर भी अपनी बस्ती के क़रीब काम मिल जाता तो मैं वहीं कहीं टिक जाता।''

''पिछले साल हम वहाँ थे, इस साल यहाँ हैं, अगले साल शायद यहाँ से भी आगे जाना पड़े।''

''और इस तरह आगे जाते-जाते एक दिन हम वहाँ पहुँच जायेंगे जहाँ से दादा की चोटी भी नज़र न आयेगी।''

''ठीक कहते हो तुम, यह फ़ासला तो अब बढ़ता ही चला जायेगा, डरोरो तुम्हारे आलू बड़े मज़ेदार हैं।''

मबोया की अपनी भूख भी किसी दबे हुए आलू की तरह तपती रही।

''मज़े'', मोआंजी ने जलते हुए आलू को चबाए बग़ैर निगल कर कहा, ''अगर हम भी चार-चार गज़ ज़मीन के मालिक होते तो अपनी बस्ती में टिक कर खेती-बाड़ी करते, बीवी-बच्चों के साथ रहते।'' उसकी छाती जलने लगी न जाने सुलगते आलू से या अपनी दहकती ख़्वाहिश से।

''सिर्फ़ रोने-धोने से पराई चीज़ अपनी नहीं हो जाती, मोआंजी।'' मजे मबोया के बूढ़े चेहरे पर जवानों की सी पोख़्तगी नज़र आने लगी, —''तुम तो किसान के बेटे हो, जानते नहीं कि आदमी गर्मी-सर्दी बर्दाश्त करके ही फूलता-फलता है? मेहनत से अपना काम किये जाओ।''

''मेहनत तो हम जी तोड़ कर करते हैं मज़े'' गचरु से रहा न गया, ''पर कुछ बने भी, अब देखो इतनी सर्दी में रात गुज़ारने के लिए एक छत भी नसीब नहीं, सारी रात खुले आसमान के नीचे ठिठुरते रहेंगे।''

''आग के होते हुए हमें छत की ज़रूरत ही क्या है?''

''जी बहलाने के लिए यह ठीक है मज़े, मगर अपनी छत की बात कुछ और ही होती है।''

''हाँ गचरु, तुम ठीक कहते हो, सबेरे उठता हूँ तो जोड़-जोड़ पाले से अकड़ा होता है,'' यलोबा ने गचरु की हाँ-में-हाँ मिलाई।

कल रात सोते-सोते मेरी आँख खुल गयी फिर पाले से घंटों नींद

न आयी, चाँद-तारों की तरफ देखते हुए जी में आयी कि बाल-बच्चों समेत वहीं किसी तारे में जा घुसूँ और वहाँ अपना एक छोटा-सा घर बना लूँ, वहीं अपनी खेती-बाड़ी करूँ।''

''तूने मेरे दिल की ही बात बूझी है गचरु, अब तो चाँद-तारों पर ही घर बसाने पड़ेंगे। यहाँ पर तो हमारे लिए चप्पा भर धरती नहीं बची।''

''ये छोटे-छोटे चमकदार नुक़्ते ख़ुद बेचारे बेघर हैं।'' बूढ़ा मबोया तारों की तरफ़ इशारा करके उन्हें समझाने लगा—''और सारी-सारी रात ठिकानों के लिए आसमान की ख़ाक छानते फिरते हैं।''

''नहीं मज़े, यह चाँद-तारे भी हमारी ज़मीन की तरह ही हैं। इससे भी बहुत बड़े।''

मज़े हँसने लगा—''अरे मूरख, धरती की भूख ने तुम्हें अन्धा बना दिया है, अब तुम्हें आकाश पर भी धरती का ही धोखा होता है। पर इसमें तुम्हारा क्या दोष? भूखे को रोटी के सिवा कुछ और नज़र ही नहीं आता।''

''नहीं मज़े, मुझे लेक साहब के किरानी ने यही बताया था। वह कहता था वज़ोंगो अब वहाँ पहुँचाने का जतन कर रहा है।''

''अरे, वज़ोंगो बेचारा वहाँ क्या पहुँचेगा? ज़रा हमारे दादा कलमू की चोटी देखना, सब तारों से सर निकाले खड़ी है।''

''यही तो मैं कह रहा हूँ मज़े, अगर वज़ोंगो दादा के पास चोटी तक जा पहुँचा तो तारों तक पहुँचना उसके लिए क्या मुश्किल है?''

''हम भी वहाँ पहुँच सकें तो क्या ही अच्छा हो, अपने बूढ़े दादा कलमू को क़रीब से देखा करेंगे। उससे बातें करेंगे, उसकी ढारस बँधायेंगे, हमें ख़ुश पाकर वह भी ख़ुश हो उठेगा।''

''हाँ मेंडका, हमारे दुख से दादा अपने जी को बड़ा भारी किये बैठा है। मैं चाहता हूँ किलमंजारु की सब चोटियाँ फिर से क़हक़हों से गूँज उठें।''

''अरे देखो मज़े, वह कौन आ रहा है?''

''अपना कराओकी है। कई बार कहा है उससे कि अँधेरा होने से पहले-पहले लौट आया करो, मगर काम से फ़ारिग़ होकर—क्या नाम है उस करानी का? अपना ही वाठो न्योसी है—उसके पास जा बैठता है और सारा अख़बार पढ़ कर ही आता है।''

''बड़ा होशियार है अपना कराओकी, मज़े देख लेना एक दिन लेबर से निकल कर करानी बन जायेगा।''

''जाम्बो कराओकी,'' जब कराओकी क़रीब आया तो यलोबा ने कहा, ''जाम्बो, यलोबा, जाम्बो वाठो!''

''जाम्बो!''

''आओ भुने हुए आलू खाओ बहुत मज़ेदार हैं।''

''सान्टे, मज़े।'' कराओकी एक आलू लेकर अलाव के क़रीब टाँगें पसार कर बैठ गया।

''तुमसे कई बार कहा है कराओकी, अँधेरा होने से पहले-पहले आ जाया करो, ज़माना बहुत बुरा है बेटा, और अँधेरे में कीड़े-मकोड़े का भी डर रहता है।''

''आज करानी से बात ही कुछ ऐसी चल निकली थी, कई बार उठा, फिर बैठ गया।''

''जब हम बस्ती से चले थे टोटो, तो हमारी माँ ने बार-बार कहा था कि मेरे कराओकी का ख़याल रखना मज़े। एक बेटे की माँ अन्धी होती है।''

''कल से ज़रूर वक़्त पर लौट आया करूँगा।''

''कराओकी, आज करानी से क्या बात चल निकली थी?'' यलोबा ने पूछा।

''वह तारा देखो, वह दादा की चोटी के पास, उसे वज़ोंगो तारा कहते हैं। वह हमारी सारी धरती से भी बहुत बड़ा है।''

''सुन लो मज़े, मैंने भी तो यही कहा था कि मुझे लेक साहब के करानी—''

''अरे बात तो पूरी हो लेने दो।''

''हाँ, तो मैं कह रहा था कि वज़ोंगो जल्द ही वहाँ पहुँचने वाला है। वहाँ सारी ज़मीन ख़ाली पड़ी है। जब वज़ोंगो वहाँ पहुँच जायेगा तो एक-दो शिलिंग में ही हमें ज़मीन मिल जायेगी।''

''वाह डागो वाह, बस एक-दो शिलिंग में ही।''

''भई मज़ा आ गया तुम्हारी बात सुन कर क्यों मेंडका, मैं न कहता था कि हमारा कराओकी ज़रूर करानी बनेगा?''

''हाँ रफ़ीक़ी, अपने क़बीले में कोई पढ़ा-लिखा हो तो फ़ायदा ही है।''

''अब तो हम सब अपनी-अपनी ज़मीन ख़रीद सकेंगे।''

''वज़ोंगो वहाँ जल्द ही पहुँच जायेगा।'' कराओकी के लहजे में अहमक़ाना दानाई थी।

''अख़बार में लिखा है कि वहाँ सारी ज़मीन ख़ाली पड़ी है और

जो चाहे ख़रीद सकता है।''

''एक-दो शिलिंगी की बात ही क्या है डोगो, अब हमारी अपनी ज़मीन होगी, अपने खेत होंगे, अपने झोंपड़े होंगे।''

''दो भेड़ों का क़र्ज़ उतर गया तो मैं अपनी पटीसा को भी वहीं ले जाऊँगा।'' मखांबा अपनी पटीसा के साथ तारों के देस नें उड़ने लगा।

''क्या यह सच है?'' जैसे सब सोच रहे हों कि यह सच होना ही चाहिए।

''सारी ज़मीन खाली पड़ी है?''

सबकी नज़रें किलमंजारु पहाड़ की चोटी के पास उस चमकते तारे पर जमी हुई थीं। वह ख़याल ही ख़याल में अपने-अपने बाल-बच्चों समेत उस तारे पर जा बसे थे। और वहाँ से झाँक-झाँक कर दादा कलमू से हमकलाम थे।

उन्हें हँसता पाकर दादा कलमू के चेहरे की बर्फ़ानी झुर्रियाँ पिघलने लगीं और फिर दादा के भरे-भरे क़हक़हों की गूँज से जामिद पहाड़ियों का सिलसिला शादमाँ होकर उछलने-कूदने को बेक़रार नज़र आने लगा।

मगर यकायक मज़े मबोया अरस्तू की-सी ज़हानत से सर झटक कर उठ खड़ा हुआ,'' वज़ोंगो ये देखो, तुम्हारे सामने सारी ज़मीन भी खाली पड़ी है, दूर-दूर तक ख़ाली है। भला बताओ इसका एक चप्पा भी तुम्हारा है?''

''नहीं, यह सारी ज़मीन तो लेक साहब की है।''

''तो क्या लेक साहब के हाथ उस तारे तक नहीं पहुँच सकते?''

जाम्बो रफ़ीक़ी

इस देश की कहानी रेलवे से शुरू होती है। रेलवे की आमद पर तारीक बर्रे-आज़म[1] का यह ख़ित्ता गोया किसी नौ-ज़ायदा[2] बच्चे की तरह रोशनी के अजनबी लम्स से रो पड़ा। मगर नौ-ज़ायदा बच्चे का रोना तो उसकी ज़िन्दगी की अलामत है, इसलिए रेलवे के कारकुनान चौकन्ना होने के बजाय अपने प्यारे बच्चे पर सर झुकाये उसके चेहरे के ख़ुतूत को पढ़ने लगे। बच्चा उनकी मुहब्बत-आमेज़ आँखों की जानिब देखते हुए रोते-रोते चुप हो गया, मुस्कराने लगा, फिर खिलखिलाकर हँस पड़ा।

रेलवे इंजीनियर के क़रीब खड़े अंग्रेज़ पादरी के ईसा मसीह को याद करते हुए अपने सीने पर मुक़द्दस क्रास का निशान बनाया और रेलवे इंजीनियर की पीठ पर थपकी दी, ''ख़ुदा का बेटा अपनी तमाम बरकतें इस खूबसूरत बच्चे पर नाज़िल करे, आमीन!''

''केनिया!'' बच्चे की ताबनाक पेशानी चूमकर अंग्रेज़ रेलवे इंजीनियर अपनी नुकीली, भूरी मूँछों को ताव देते हुए उठा ताकि स्कॉट लैंड की सदी भर पुरानी व्हिस्की की बड़ी-बड़ी बोतलों का मुँह खोल दे!

''केनिया!'' उसने व्हिस्की के गिलास वाले हाथ को आगे बढ़ा कर निहायत शादमाँ आवाज में कहा, ''केनिया।'' जवाबन बीसियों हाथ स्कॉच व्हिस्की के पैमानों को उठाये हवा में उछले और यह मुबारक घड़ी गोया ख़ुशी से बेक़ाबू होकर किसी तेज़ धुन पर नाचने लगी।

अपने आक़ाओं से थोड़े फ़ासले पर ही हिन्दोस्तानी क़ुली रेलवे लाइन के पहलू में जगह-जगह आग जलाये पाँच-पाँच, सात-सात के ग्रुप बना कर बैठे हुए थे, अपने आक़ाओं की तरह उस मुबारक तक़रीब को मना रहे थे, ताड़ी पी रहे थे, बीड़ियाँ फूँक रहे थे, हँस-खेल रहे थे, या शायद बजाहिर हँसते-खेलते हज़ारों मील दूर बैठे अपने बच्चों और बीवियों के उदास चेहरों को देख रहे थे, जिन्हें देखते-देखते बौखला कर

1. उपमहाद्वीप, 2. नवजात

वह मज़ीद ताड़ी चढ़ाने लगते या बीड़ियों के लम्बे-लम्बे कश लेते हुए सोचने लगते कि वापस बम्बई पहुँच कर वह रामबाई के लिए कैसी गरगाबी लेंगे, जीतू का दुपट्टा ज़रा गहरा सुर्ख़ हो तो वह बहुत ख़ुश होगी, बशीरे को अंग्रेज़ी टोपी कितनी भली मालूम होगी।

"बशीरे!"

"अब्बा!"

बाप-बेटे ने बेअख़्तियार एक-दूसरे को भींच लिया, बेइन्तेहा ख़ुशी आँसुओं के धारे बन-बन कर उनकी आँखों से फूट पड़ी, धड़कते दिलों पर फ़ुवार पड़ने लगी।

"क्यों भाई शफ़ीक़ किसकी याद सता रही है?" लाल सिंह भी अपने ख़यालों में जीतू का सुर्ख दुपट्टा उसके मुँह से हटा रहा था, "भाई जीतू तो हमें घड़ी भर के लिए भी नहीं भूलती। शादी के दो माह बाद ही उसे छोड़ कर आया था।"

लाल सिंह ठंडी साँस लेकर आसमान की तरफ़ देखने लगा, जहाँ मुस्करा-मुस्करा कर टिमटिमाते हुए तारों का नज़ारा करके वह सोचने लगा कि सुन्दर चीज़ें आदमी से इतनी दूर क्यों होती हैं। फिर जैसे उसे सबसे चमकीले सितारे में अपनी जीतू नज़र आने लगी, वही सलमे वाला गहरा-सुर्ख दुपट्टा ओढ़े हुए।

"नी जीतू, ओए गल ते सुन।"

"चल हट परे।"

"हह-हह—हा—।"

हँसते-हँसते यकायक जाना-पहचाना शोर सुनकर लाल सिंह चौंक पड़ा, "आज फिर?"

"सँभल जाओ शफीक़ भाई, काले लोग किसी शेर का पीछा करते हुए इधर ही आ रहे हैं...।" फिर लाल सिंह हिन्दोस्तानी कैम्प की तरफ़ मुँह करके अपने पूरे ज़ोर से चिल्लाया—"...ख़बरदार! शेर! शे" इससे पहले कि वह पूरा लफ़्ज दोबारा अदा करता पीछे की झाड़ी से कोई भारी चीज़ बड़ी तेजी से उस पर आ गिरी, फिर एक और बर्क़-रफ़्तार बला ने शफ़ीक़ को भी अपनी आहनी दबोच में ले लिया। दोनों शेर गरज-गरज कर आसमान में शिगाफ़ पैदा करने लगे। चारों तरफ भगदड़ मच गयी। इसी दौरान अफ़्रीकी लोगों का एक गिरोह शोर मचाते हुए एक तरफ़ से नमूदार हुआ और भालों से शेरों पर टूट पड़ा। तेज़, नुकीले भालों की पै-दर-पै चोटों से दोनों शेर लम्हों में तड़प-तड़प कर गरजते हुए दम तोड़ने लगे। अपनी फ़तह के नारे

बुलन्द करते अफ़्रीकियों ने अपने भालों को शेरों के जिस्मों से पार करके उन्हें ज़मीन में धँसा दिया। जब शेर बिल्कुल ही साकित हो गये तो अफ़्रीकन ख़ुशी से दीवानावार चिल्लाते हुए उनके इर्द-गिर्द तेज़-तेज़ नाचने लगे। अपनी आख़िरी घड़ियाँ गिनता हुआ शेर सिंह एक बहुत ही चमकीले सितारे की जानिब देख रहा था, जहाँ उसकी जीतू सुर्ख़ दुपट्टा ओढ़े उसे इशारा करके अपने पास बुला रही थी। शफ़ीक़ भी अपनी रही-सही दो-चार अटकी साँसों में रोते-कराहते अपने बशीरे का मुँह चूम रहा था।

थोड़ी देर में शोरगुल सुनकर दो-चार अंग्रेज़ भी अपनी-अपनी दोनाली बन्दूक़ सँभाले आ पहुँचे। अफ़्रीकियों ने उन्हें सरसरी नज़र से देखा और बदस्तूर नाचते रहे। हिन्दोस्तानी कुली जो शफ़ीक़ और लाल सिंह को रेडक्रास कैम्प में ले जाने की तैयारी कर रहे थे, ज़ख़्मियों को छोड़कर बौखलाई हुई ताज़ीम से एक तरफ़ खड़े हो गये।

''ब्यूटीफुल!'' एक अंग्रेज़ ने शेरों के इर्द-गिर्द तेज़ी से नाचते हुए जंगलियों के नज़ारे से महज़ूज़ होकर कहा।

दूसरा अंग्रेज़ सोच रहा था कि अगर वह इन शेरों की खाल लिज़्ज़ी को इंगलैंड में भेज दे तो वह कितनी खुश होगी। तीसरा अपने साथी के ज़हन को पढ़ते हुए कहने लगा, ''अगर कोई इन जंगलियों के शिकर को छू भी ले तो ये कमबख़्त उसकी जान के दुश्मन हो जाते हैं। अब यह सारा क़बीला इन शेरों का थोड़ा-थोड़ा कच्चा गोश्त खायेगा और खालें उन बहादुरों को मिलेंगी जिन्होंने इन्हें मारने में बढ़-चढ़ कर हिस्सा लिया है।''

''अरे! ये दो इंडियन क़ुली ज़ख़्मी पड़े हैं।''

''बेचारे!''

हिन्दोस्तानी क़ुलियों की बेज़बानी गोया हकला-हकला कर अपने आक़ाओं से फ़रियाद करने लगी—''साब जी, ये बड़े गरीब आदमी हैं, किसी तरह इन्हें बचा ले साब जी!''

''इन्हें फ़ौरन रेडक्रास कैम्प में पहुँचा दो।''

अपने सफ़ेद आक़ा का हुक्म पाते ही हिन्दोस्तानी क़ुली जल्दी से अपने ज़ख़्मी साथियों की तरफ़ मुतवज्जोह हो गये।

''कोई बात नहीं, अगर ये दोनों मर भी गये तो इनके घर वालों को दस-दस रुपये माहवार पेंशन मिलेगी।''

फिर वह अंग्रेज़ अपने साथियों से मुख़ातिब हुआ, ''कितने बेज़बान होते हैं ये हिन्दोस्तानी नौकर, वफ़ादार और बेज़बान!''

“हाँ, बिल्कुल मेरे पालतू कुत्ते की तरह। मगर दरअस्ल इन लोगों की वफ़ादारी खुद हमारे सिस्टम ही की कामयाबी की दलील है। जब किसी जानदार की अव्वलीन ज़रूरियात का इनहिसार किसी मख़्सूस सिस्टम की पाबन्दी पर हो तो वह शुरू-शुरू में बेशक चूँ-चा करे लेकिन बाद में आदतन वफ़ादार बन जाता है।”

“तुम ठीक कहते हो। मुझे यक़ीन है कि जब हमारा सिस्टम इस मुल्क में भी बख़ूबी काम करने लगेगा तो हमारा अफ़्रीकन दोस्त भी अपनी वहशियाना फ़ितरत भूल कर खुद-ब-खुद वफ़ादार हो जायेगा।”

“हह...हह...हा—” हँसते हुए एक अंग्रेज़ का चेहरा एक नाचते हुए अफ़्रीकन के भाले की नोक से बाल-बाल बचा और वह अफ़्रीकन घबराने के बजाय बड़ी बेबाकी से मुस्कराते हुए आगे बढ़ गया।

“जंगली!” वह अंग्रेज़ बेहद ग़ुस्से में अपनी दोनाली बन्दूक़ को थाम कर उस अफ़्रीकी पर झपटने ही को था कि उसके साथी ने उसे तेज़ी से रोक लिया।

“बेवक़ूफ़ न बनो अलबर्ट। तुम्हारी मामूली सी चूक से घड़ी भर में फ़साद खड़ा हो जायेगा और ख़ून-ख़राबे के बाद ये लोग काम-काज छोड़ कर भाग जायेंगे।”

अलबर्ट दाँत पीसने लगा।

“रोनी ठीक कहता है अलबर्ट। इस दुश्वार मुहिम में हमें इन लोगों की बहुत ज़रूरत है। अभी हमें रेलवे लाइन को सैकड़ों मील आगे ले जाना है।”

अलबर्ट ने बदस्तूर दाँत पीसते हुए अपनी दोनाली बन्दूक को निशाना बाँधने के अन्दाज़ में सामने फ़िज़ा की तरफ खड़ा कर लिया, गोया उसके कान अपनी बन्दूक़ की ‘धाँय’ सुनने को बेताब हों।

चुपचाप बाअदब हिन्दोस्तानी क़ुली दिलों पर आँसू गिराते हुए लालसिंह और शफ़ीक़ के ख़ून के धब्बों को घूरते रहे।

उछलते-कूदते अफ़्रीकी ख़यालों के तेज़ बहाव में शेर के गोश्त का मज़ा चखते हुए बेअख़्तियार चिल्लाते रहे।

अलबर्ट दाँत पीसता रहा।

“केनिया!” थोड़े फ़ासले पर हवा में हिलते हुए यूरोपियन ख़ीमे, लड़खड़ाते हुए मदहोश, मसरुर शराबियों की तरह चीख़ रहे थे—“केनिया!”

जब रेलवे लाइन मम्बासा से दुई के घने जंगलात तक आ पहुँची, हेडक्वार्टर से आर्डर आया कि नैरोबी तक लाइन का काम जल्दी ख़त्म

किया जाये।

साढ़े पाँच हज़ार फ़ीट की बुलन्दी तक पहुँचता हुआ ऊँचा-नीचा सटा रास्ता दुश्वार गुज़ार जंगलों में आज़ादाना घूमते-फिरते ख़ूँख़्वार जानवरों का हुजूम और कई वहशी क़बायल के नागहानी हमलों का अन्देशा, मगर ऑर्डर के मुताबिक़ काम का जल्दी पूरा होना ज़रूरी था, और इसे पूरा करने के लिए हिन्दोस्तानी क़ुलियों की मदद के लिए और ज़्यादा अफ़्रीकी लेबर का ख़िदमात नागुज़ीर थीं। इसलिए आफ़िसर इंचार्ज ने हुक्म दिया कि आसपास के क़बीलों के लोगों को किसी तरह काम के लिए राज़ी कर लिया जाये। रेलवे के ज़िम्मेदार अफ़्रीक़न स्टाफ़ को इधर-उधर जंगली क़बीलों की रहाइशगाहों में भेजा गया ताकि वह अंग्रेज़ बहादुर की जानिब से क़बीलों के सरदारों को मीठे बन, अंग्रेज़ी लिबास और शिकारी चाक़ू पेश करें और उनसे दरख़्वास्त करें कि रेलवे लाइन के काम को पूरा करने तक साहब बहादुर उनके दिली तआवुन के ख्वाहाँ हैं।

क़बीलों के सरदारों ने साहब बहादुर के अफ़्रीकी नुमाइन्दों के एज़ाज़ में अपने तौर पर निहायत शानदार दावत की। साहब बहादुर के अता-कर्दा कपड़ों को पहन कर सरदारों ने मीठे बन खाये और सरदारों का तैयार किया हुआ पली हुई भेड़ों का भुना हुआ गोश्त जब मीठे-मीठे बन से खाकर जंगली सरदारों का पेट न भरा तो वह आग पर रखी हुई भेड़ों की टाँगें उठाकर उनसे चिपका हुआ कच्चा-पक्का गोश्त चूसने-चबाने लगे।

''वज़ोंगो का चकोला है तो मज़ेदार।'' एक सरदार ने एक रेलवे मुलाज़िम की पीठ पर हाथ मारते हुए कहा, ''और देखने में इतना फूला हुआ नज़र आता है, पर रफ़ीक़ी सच पूछो तो इससे पेट नहीं भरता, तुम्हारे वज़ोंगो का—क्या नाम बताया था? हाँ—कोट पहन कर भी यूँही मालूम होता है कि जैसे किसी ने बाँध कर रख दिया हो। वज़ोंगो से कहना कि ग़ुस्सा न मनाये पर यह सब चीज़ें बोरे हैं। ढीली-ढाली नर्म खालें पहनने या नंगा रहने में बड़ा मज़ा है। अगली बार ये चीज़ें न लाना, हाँ अलबत्ता वज़ोंगो के चाक़ू बड़े उम्दा हैं। उससे कहना कि ऐसे चाक़ू बेशक सौ-दो सौ और भेज दे।''

सरदार ने लकड़ी के एक बहुत बड़े जलते हुए टुकड़े पर रखी हुई सालिम भेड़ को साहब बहादुर के तेज़ शिकारी चाक़ू से दो हिस्सों में फाड़ दिया और फिर बहुत ख़ुश होकर भारी-भारी क़हक़हे लगाने लगा—''यह चाक़ू बड़े काम की चीज़ है, पकड़ने में कितना आरामदेह

है और फाड़ने में कितना तेज़। हाँ रफ़ीक़ी, अगली बार ऐसे ही सौ-पचास चाक़ू ज़रूर लाना, हह...हह...हा हा–।''

''सरदार अगर तुम अपने जवानों को रेलवे लाइन पर काम करने के लिए भेज दिया करो तो वज़ोंगो उनमें रुपयों का ढेर तक़्सीम किया करेगा।''

''हह...हह...हा हा–रुपये? हम पीली-चिट्टी धातु के इन गोल-मोल टुकड़ों का क्या करेंगे रफ़ीक़ी? यहाँ हमारे इलाक़े में इधर-उधर सैकड़ों घातें बिखरी पड़ी हैं। वज़ोंगो से कहना कि वह जितनी और जैसी धातुएँ चाहे, यहाँ आकर ले जाये। मैं तो हमेशा कहा करता हूँ कि तुम आजकल के काले जवानों के भेजे बिगड़ गये हैं जो वाहियात टुकड़ों के लिए सारा दिन जान हलकान करते रहते हो। जाओ अपने नबोये मोठो से कह दो कि मेरे सब जवान कल तड़के ही उसकी मदद के लिए पहुँच जाएँगे, पर रफ़ीक़ी हमें रुपये-पैसे नहीं चाहिए, हाँ अगर तुम्हारा वज़ोंगो चाक़ू या पशु भेज सके तो ठीक है और अगर यह भी भेजे तो भी ठीक है। वज़ोंगो हमारा मेहमान है और हमारा फ़र्ज़ है कि हम उसकी मदद करें।''

''बहुत अच्छे हो बाबा।'' साहब बहादुर का काला नुमाइन्दा कहने लगा–''और हमारा वज़ोंगो बहुत ही अच्छा है। ज़रा रेलवे लाइन नैरोबी तक पहुँच लेने दो, काले लोगों की ज़िन्दगी कितनी सुधर जायेगी। रेलगाड़ियाँ हमारे लिए दूर-दूर से नयी-नयी चीज़ें लाया करेंगी।'' रेलवे लाइन फ़ितरत की बातों को बड़े ध्यान से सुनते हुए आगे बढ़ रही थी।

''अरे–रुक जाओ।'' फ़ितरत रेलवे लाइन का हाथ आराम से थाम कर ठहर गयी। ''वह हाथियों का ग़ोल नज़र आ रहा है ना? इन्हें निगाहों से ओझल हो लेने दो। बड़े ज़ालिम हैं यह कमबख़्त। अगर इन्होंने तुम्हारी ज़रा भी भनक पायी तो गुस्से में चिंघाड़ना शुरू कर देंगे और तुम्हें ज़मीन से उछाल कर तुम्हारे टुकड़े-टुकड़े करके रख देंगे–।''

''शाबाश, अब कोई ख़तरा नहीं है, बढ़ाओ क़दम, लेकिन ज़रा सँभल-सँभल कर, आगे रास्ता बड़ी पेचदार पहाड़ियों पर है, क्यों? थक गयी? अरे तुम तो लोहे की बनी हुई हो। अच्छा कोई बात नहीं। आओ, मैं तुम्हें अपने काँधों पर बिठा लेती हूँ।''

फ़ितरत के काँधों पर बैठे रेलवे लाइन नैरोबी की तरफ़ बढ़ती हुई चढ़ाई की दूरी तय करने लगी। थोड़ी देर बाद यकायक एक दिल-ख़राश चीख़ सुनकर फ़ितरत चौकन्ना होकर रुक गयी। किसी अफ़्रीकन को एक चीते ने अपने तेज़ पंजों में जकड़ लिया था और

उसके दाँत अफ़्रीकन के दिल में गहरा छेद करते हुए नीचे उतर रहे थे।

"आह-हाय।" दम भर पहले झूम-झूम कर गाते हुए अफ़्रीकन की रूह चीख़-चीख़ कर घने जंगलात की जानिब भाग गयी।

"धाँय—धा!" अंग्रेज़ अफ़सर की बन्दूक के दो फ़ायरों ने ख़ून चाटते हुए टाइगर को भी वही ठंडा कर दिया।

अंग्रेज़ अफ़सर ने टाइगर और अफ़्रीकी की लाशों के पहलू में खड़े होकर फ़ोटो उतरवाया। यह फ़ोटो अख़बारों में छपवाया जायेगा। लाल सिंह और शफ़ीक़ के फ़ोटो भी कई अख़बारों में छपे थे, जिन्हें देखकर जीतू ने अपना सुर्ख़ दुपट्टा कीचड़ में मल लिया था और मासूम बशीरे की रोते-रोते घिग्घी बँध गयी थी। अफ़्रीकी की सरपट भागती हुई रूह को देखकर बन की उदास झाड़ियाँ एक-दूसरे की तरफ़ झुक कर सरगोशियाँ करने लगीं—"अब हमें कौन अलबेला मस्त हो-होकर अपने गीत सुनाया करेगा।"

फ़ितरत ने रेलवे लाइन की पीठ पर थपकी दी, "घबराओ नहीं, चलो अब आगे बढ़ें, हर बड़े काम के लिए बलिदान देना ही पड़ता है।"

रेलवे लाइन फ़ितरत की छाती पर सर रखकर फूट-फूट कर रोने लगी। फ़ितरत ने उसकी बहुत ढारस बँधाई, उसके आँसू पोंछे और फिर उसकी उँगली को हाथ में लिए आगे बढ़ने लगी। रास्ते में फ़ितरत ने ग़मगीन लाइन का हौसला बँधाने के लिए चाँद-तारों की मौसीक़ी भरी सैकड़ों कहानियाँ सुनायीं लेकिन लाइन किसी सहमी हुई परी की तरह अपने ग़मज़दा दिल पर सर झुकाये चुपचाप फ़ासला तय करती रही। बीसियों मील आगे बढ़ आयी, फिर एक जगह मीलों में फैले हुए एक पहाड़ के सिलसिले ने दोनों हाथ फैला कर उसका रास्ता रोक लिया।

"हह-हह-हह—।" जैसे पहाड़ अपने लम्बे-लम्बे दाँत निकाल कर रेलवे लाइन का मज़ाक़ उड़ा रहा हो—"बताओ नन्ही जान, अब आगे क्योंकर बढ़ोगी?"

"धाँय—धा—धाँय—धाँय।" बारूद ने उछल-उछल कर पहाड़ की तज़हीक-अंगेज़ आँखों को अन्धा कर दिया।

"धाँय—धाँय!" उसका सीना चीर कर रख दिया—"धाँय—धाँय—।" जब पहाड़ का कलेजा रेज़ा-रेज़ा हो गया तो लाइन के क़दमों पर रास्ता ख़ुद-ब-ख़ुद झुक कर सलाम करने लगा।

फ़ितरत ने अपने अज़ीज पहाड़ के वजूद को इस तरह छलनी होते देखा तो उसकी आवाज़ गोया आँसुओं के सैलाब में ग़ोते खाने

लगी—"मेरा यह बच्चा—यह पहाड़ हज़ारों साल से बड़ी तमकनत से खड़ा था। देखो मौत के बावजूद अब भी दरमियान से कट कर उल्टे गिरे हुए इसके दोनों हिस्से क़िस क़दर अज़ीमुश्शान नज़र आते हैं। तुम्हारे पत्थर-दिल आदमियों ने मेरे इस जलीलुलक़द्र बच्चे की जान ले ली है। जी चाहता है कि मैं भी इन सब के परख़चे उड़ा दूँ और फिर तुम्हारा भी गला घोंट कर तुम्हें परे फेंक मारूँ।"

फ़ितरत के ग़ुस्से को देखकर लाइन काँपने लगी—"लेकिन नहीं!" फ़ितरत ने अपने आप पर क़ाबू पाते हुए कहा, "मैं तुम्हारा साथ दूँगी। मैंने तुम्हारा साथ देने का वादा कर रखा है। मगर सुनो, अपने आदमियों से कहो, इतने कठोर न बनें।"

कुछ दूर जाकर फ़ितरत की लपक कर लाइन को रोक लिया, "यहाँ फुंकारते साँपों के बेशुमार कुनबे पलते हैं, ये देखो—जगह-जगह धरती में सूराख़ करके अपने घर बना रखे हैं। ये मूज़ी बहुत ज़ालिम होते हैं, बहुत सँभल-सँभल कर क़दम बढ़ाओ, अपनी आँखों को चारों तरफ़ फैलाकर, साँस रोके हुए।"

"बस, अब थोड़ी दूर और चलना है, फिर हम इन मूज़ियों की हद से बाहर चले जाएँगे। शाबाश! अब बेशक भागते हुए अरथी रेवर पहुँच जाओ, यहाँ से अपनी मंज़िल बहुत क़रीब है।"

अपनी मंज़िल की क़ुरबत के ख़याल से लाइन अपनी थकान भूलकर भागती-गिरती अरथी रेवर और फिर तमाशाइयों के नारे सुनती हुई नैरोबी आ पहुँची। उसके इस्तक़बाल के लिए सारी नैरोबी हाथ फैलाये खड़ी थी। लोग उसे देखकर पागल हो उठे। उसको खुशआमदीद कहने के लिए बाजे की धुनें बजने लगीं, जिन्हें सुन-सुन कर लाइन का दिल बल्लियों उछलने लगा। रेलवे के हाकिमे-आला, शहर के मोअज़्ज़िज़ तरीन लोगों के साथ उससे मिलने के लिए आगे बढ़ आये।

फ़ितरत ने रेलवे लाइन को दूर से अपने आदमियों से मिलते जाते देखा तो चुपके से पीछे सरक कर बहुत दूर घने जंगलों में लौट गयी।

"केनिया!" सदी भर क़दीम स्कॉच व्हिस्की के गिलास ऊपर उठाये गये।

"केनिया!" सारा मुल्क सदाए-बाज़गश्त से गूँज उठा।

मंबासा और नैरोबी के दरमियान नयी रेलवे लाइन पर इंगलैंड से लाये गये रेलवे इंजन निहायत आरामदेह रेल के डिब्बों को फ़तहाना अन्दाज़ से तेज़-तेज़ खींचते हुए उन तारीक नुक़्तों को जदीद रोशनी से रु-शनास करने लगे। गाड़ी की बेतहाशा छुक-छू और इंजन के

कानों के परदे फाड़ने वाली सीटी से घबरा कर फ़ितरत उन नुक़्तों के अन्दरूनी जंगलों में हटने लगी। खूँख़्वार जानवर मीलों परे भाग गये। रेल के आस-पास के इलाक़ों में जंगल साफ़ किये गये और वहाँ कई साफ़-सुथरे छोटे-छोटे गाँव बसना शुरू हो गये। इन बस्तियों में सरकार ने अफ़्रीकी चीफ़ तैनात कर दिये जो सरकारी हिदायत के मुताबिक़ काले लोगों के मामलात की देखभाल करते। हिन्दोस्तानी बनियों ने तरह-तरह की दुकानें खोल लीं और चूँकि उन दुकानों से रुपये-पैसों के बिना ज़रूरत की चीज़ें नहीं ख़रीदी जा सकती थीं, इसलिए उन बस्तियों में बसे हुए काले लोग वज़ोंगो के मुक़र्रर किये हुए चीफ़ की सरकरदगी में तरह-तरह के छोटे-छोटे धन्धे करने लगे।

रुपये कमाने के लिए कई अफ़्रीकी रेलवे क़ुली बन गये। कई हिन्दोस्तानी बनियों की दुकानों पर नौकर हो गये, कई यूरोपियन नौ-आबादों के कायम किए हुए नये-नये फ़ार्मों पर काम करने लगे और कई रेलगाड़ी में सवार होकर काम की तलाश में मंबासा या नैरोबी चले गये, जहाँ कुछ सरकारी दफ़्तरों में चपरासी हो गये, कुछ इस्माइलियों और गुजरातियों के कारख़ानों में मज़दूरी करने लगे और कुछ रोटी-कपड़ा और पाँच-दस रुपया माहवार पर अंग्रेजों के हाउस-ब्वायज़ और हिन्दोस्तानियों के बोनी बन गये। जिन्हें कोई काम न मिला वह अपने-अपने क़बीले वालों की मदद से किसी न किसी तरह गुज़र करते हुए रोज़गार की तलाश में घूमते रहते। कहीं थोड़ा काम मिल गया तो पेट की आग बुझा ली वरना कभी काम देने वालों की गालियाँ खाकर और कभी अपने बा-रोज़गार साथियों को दोस्ती का वास्ता देकर गुज़ारा कर लिया और अगर इस तरह भी गुज़र नहीं हुई तो कहीं छोटी-मोटी चोरी कर ली क्योंकि इनके पहले काले चोर ने, जो चोरी करते हुए गिरफ़्तार कर लिया गया था, उन्हें बताया था कि वज़ोंगो की क़ैद में बड़े मज़े हैं। वहाँ इधर-उधर भटके बग़ैर काम मिल जाता है और गो, चकोला और जुम्बा मुफ़्त।

''हाँय, गो, चकोला और जुम्बा मुफ़्त?'' जिसे बाहर कोई काम न मिलता, वह कोई मामूली चोरी करते हुए जान-बूझ कर ख़ुद को गिरफ़्तार करवाने की ख़्वाहिश से बेताब नज़र आता। लेकिन जब मालिकान उसे पुलिस के हवाले करने के बजाय गालियाँ देते हुए धक्के मार-मार कर बाहर निकाल फेंकते, तो वह निहायत हसरत से अपने किसी ख़ुश क़िस्मत क़ैदी दोस्त का ख़याल करके दिल मसोस कर रह जाता।

आहिस्ता-आहिस्ता हिन्दोस्तानियों का दौर ख़त्म हो गया। वह और उनके बेटे खुशहाल ताजिर, दरमियाना दर्जे के खाते-पीते सरकारी मुलाज़िम या कारीगर बन गये। उनकी जगह अफ्रीकी लोगों ने बड़ी ज़िम्मेदारी से सँभाल ली। माँगी ऐन राम सिंह बन गया और मटीले ऐन शफ़ीक़। कई यूरोपियन लोग ख़ूबसूरत जंगलों को साफ़ करके बड़े-बड़े फ़ार्मों के मालिक बन गये और सस्ते अफ्रीकी लेबर की मदद से दिनों-महीनों ही में लाखों से खेलने लगे और कई अपर क्लास आफ़िसर बन कर शानदार सरकारी दफ़्तरों को ज़ीनत बख़्शने लगे।

सरकारी रिपोर्ट के मुताबिक केनिया कालोनी की मोआशी हालत धीरे-धीरे बेहतर होती गयी। कालोनी की दौलत के बारे में कहानियाँ सुन-सुन कर हर साल हज़ारों नये यूरोपियन और एशियन रोज़गार की तलाश में यहाँ आने लगे। सरकार कालोनी को जदीद क़द्रों के मुताबिक़ ख़ूब अच्छी तरह बसाने के लिए कई तरह की स्कीमें तैयार करने लगी। जंगल कटते गये। मुल्क के चारों तरफ़ नयी रेलों और सड़कों का जाल बिछता गया। फिर छोटी-छोटी बस्तियाँ नये कपड़े पहन कर शहरों की तरह नज़र आते हुए मटक-मटक कर चलने लगीं, और कई-कई जंगलों ने मामूली बस्तियों का लबादा ओढ़ लिया।

तारीक खित्ते के ख़ुदा यूरनीस ने अपनी हार क़ुबूल करके अपना ताज नयी तहज़ीब के ख़ूबसूरत देवता ज्योपीटर के सिपुर्द कर दिया।

होते-होते छोटे-छोटे मुक़ामात पर काम की कमी के सबव काले लोगों की भारी तादाद शहर की जानिब मुँह मोड़ने लगी।

"जहाँ इतने लोग बस रहे हैं, वहाँ हम भी जीने की कोई न कोई राह ढूँढ़ निकालेंगे। शहरों के अफ्रीकी इलाके भरने लगे, इतने बड़े हुज़ूम के बच्चों के लिए और ज़्यादा स्कूल कहाँ से आते? काले लोगों के अस्पतालों के लिए पहले ही इतना ख़र्च किया जा चुका था, और अस्पताल कैसे बनते? पहले ही हज़ारों लोगों को काम दिलवाया जा चुका था, कुछ और का भी बन्दोबस्त किया जा सकता था लेकिन इतनी बड़ी भीड़ का कोई माकूल इन्तज़ाम करना क्योंकर मुमकिन था? जिसे देखो शहरों ही की तरफ मुँह उठाये चला आता है।

"काले लोग निरे जाहिल होते हैं।"

"कालों से बचकर रहो, बड़े ख़तरनाक क़िस्म की बीमारियों का शिकार होते हैं ये लोग।"

"इतने काले बेकार, आवारा फिर रहे हैं, सरकार इन्हें जेल में क्यों नहीं ठूँस देती?"

कई बेकार अफ़्रीकी गुमराह हो जाते और सिगरेट का धुआँ नथनों से निकालते हुए आदी बदमाशों की तरह मशकूक टेढ़े-मेढ़े अन्दाज़ से आँखें झपका-झपका कर मौक़े की ताक में आवारा घूमते फिरते। कई हौसला छोड़कर वापस गाँव में चले जाते लेकिन फिर थोड़े दिनों बाद शहर में लौटकर काम की तलाश शुरू कर देते।

कालोनी तरक्की करती गयी। नौ-आबादों की ख़ुशहाली में इज़ाफ़ा होता गया, नये-नये प्रोजेक्ट्स को मुकम्मल करने के लिए और .ज्यादा अफ़्रीकियों को काम मिलता गया, और .ज्यादा अफ़्रीकी शहरों में आते गये, और .ज्यादा अफ़्रीकी बेकार होते गये। स्कूलों, अस्पतालों और तालीम के वज़ीफ़ों के बावजूद अफ़्रीकी जाहिल, बीमार और बदमाश होते गये।

यह नैरोबी! ईस्ट अफ़्रीका का दिल, जिसकी धड़कनों का राग सुनते हुए लाखों फ़ारिग़ुल बाल यूरोपियन और एशियन सर धुन रहे हैं। नैरोबी में हर जगह बिछी हुई मुलायम, कुशादा, तारकोली सड़कें, जिन पर आदमियों के बजाय मोटर कारें क़तार-दर-क़तार रवाँ-दवाँ नज़र आती हैं और जिनके दरमियान बेशुमार, हमवार, सरसब्ज़ जज़ीरे सजे बैठे हैं, जहाँ उगे हुए ख़ुशरंग ख़शबूदार अफ़्रीकी फूल बाज़ार में सिंगार करके बैठी औरतों की तरह आँख मींच कर मोटर सीट्स को ख़ंदा इशारों से अपने पास बुला रहे हैं। सड़क के दोनों तरफ़ ख़ुशनुमा मग़रिबी तर्ज़ की दुकानों के आगे जदीद-तरीन स्टाइल के कारीडार, जहाँ लेटेस्ट स्कर्टें पहने नौ-उम्र ख़ूबसूरत लड़कियाँ अपने आशिकों के हाथों में हाथ दिये किसी शो विंडो के सामने खड़ी हो जाती हैं। "हाऊ ब्यूटीफुल! डार्लिंग लेडोना!"

ये कारीडार जहाँ नये ब्याहे हुए ख़ुश-पोश एशियाई जोड़े जीतू और लाल सिंह के हादसे से बिल्कुल नावाक़िफ़ हँसी-खेल में खड़े-खड़े हज़ार-पाँच सौ की शॉपिंग कर लेते हैं।

ये कारीडार जिन्हें अफ़्रीकी भंगी हर शाम को साफ़ करते हुए सोचता है कि अगर वह भी यहाँ एक दुकान का मालिक होता, तो उसके पास कितने शिलिंग होते—"इतने!" वह काम करते हुए रुक जाता है और अपने दोनों हाथों को जोड़कर उनकी जानिब देखने लगता है, गोया उन पर शिलिंगों का ढेर लगा हो—"नहीं इतने!" वह हाथों को अलग करके उन्हें फैलाकर सोचने लगता है और फिर जैसे हाथों के दरमियान खुले हिस्से से शिलिंग छन-छन कर नीचे गिरने लगे हों। वह झट अपने फैलाये हुए हाथों को फिर पहले की तरह चपटा करके जोड़ लेता है—"इतने ही काफ़ी हैं।"

ये कारीडार जिनके पहलुओं में हर साल कई स्काईस्क्रीपर खड़े हो जाते हैं, और पचास साल पहले की नैरोबी का तसव्वुर बाँधे हिक़ारत से हँसने लगते हैं। इन स्काई स्क्रीपरों में बेशुमार दफ़्तर हैं, दुनिया की बड़ी-बड़ी एयर सर्विसों की लोकल एजेंसियाँ, जहाँ हज़ारों मील से आये हुए मुसाफ़िरों का इस्तक़बाल किया जाता है, और हज़ारों मील दूर छुट्टी पर घर जाने वाले मुसाफ़िरों को हज़ारों शिलिंग की क़ीमत पर हवाई टिकट दिये जाते हैं। ग़ैर मुल्की गुडविल मिशन के दफ़्तर जहाँ अफ्रीकी लोगों की बहबूदी के लिए जलसे किये जाते हैं। इम्पोर्ट और एक्सपोर्ट की कम्पनियाँ जो अफ्रीकी गोश्त, मक्खन, रोटी और तरह-तरह के मुक़ामी अजूबे बाहर भेजती हैं। और बाहर से मोटरकारें, उम्दा रेडीमेड कपड़े, इत्र और इलेक्ट्रॉनिक कुकर और रेफ्रीजरेटर वग़ैरा मँगवाती हैं

नैरोबी का यह सबसे बड़ा बैंक है, जिसके अन्दर सैकड़ों मुलाज़मीन और गाहक दौलत का लेन-देन कर रहे हैं और जिसके दरवाज़े पर एक नौजवान, मैट्रीकुलेट अफ्रीकी गूमगूँ के आलम में खड़ा सोच रहा है कि वह अन्दर जाकर अपनी मुलाज़मत की अर्ज़ी के बारे में पूछताछ करे या अभी दो-चार रोज़ और इन्तज़ार करे।

किसी निहायत ख़ुशहाल एशियन का यह ख़ूबसूरत बंगला, जिसके दरवाज़े पर पाँच-छह फ़ाक़ा-मस्त अफ्रीकी घर की मालकिन से पूछ रहे हैं—"मामा, बोई का काम होगा?"

"जाओ, जाओ अपनी राह लो, मुए पहले ही दो मुश्टंडे मौजूद हैं।"

यह हथेलियाँ मलता हुआ काला टैक्सी ड्राइवर, जो निहायत आजिज़ी से अपने मालिक से दरख़्वास्त कर रहा है कि "साहब, इस बार माफ़ कर दें, मुझे काम से न निकालें, एक मौक़ा और दे दें।" और क़रीब ही खड़ा उसका एक अफ्रीकी भाई डरते-डरते सोच रहा है कि अगर मालिक ने उसकी दरख्वास्त कुबूल कर ली तो उसे काम कैसे मिलेगा?

"हह—हह—हा—रुपये? हम पीली-चिपटी धातु के इन गोल-मोल टुकड़ों से क्या करेंगे रफ़ीक़ी? हह हह—हा।"

"हम बीमार हैं!"

"इलाज के लिए शिलिंग लाओ, यह कोई खैरती अस्पताल नहीं।"

"हम भूखे हैं।"

"चकोला मुफ़्त नहीं मिलता।"

"हमारे बच्चे आवारा फिर रहे हैं।"

"मगर इतने स्कूल बनवाने के लिए सेंट कहाँ हैं?

शिलिंग–। सेंट! पीली चपटी धातु के इन गोल-गोल टुकड़ों के बिना कुछ नहीं हो सकता!

यह नैरोबी!

यह मंबासा!

यह निकोरो!

तारीक बर्रे-आज़म का रोशनी से जगमगाता हुआ यह ख़ित्ता!!

"जब किसी जानदार की अव्वलीन ज़रूरत का इनहेसार किसी सख़्सूस सिस्टम की पाबन्दी पर हो, तो वह शुरू-शुरू में बेशक चूँ-चा करे लेकिन बाद में आदतन वफ़ादार बन जाता है।"

"बेकार क्यों फिरते हो?" अगर पेट भर रोटी खाना है तो काम करो। ईमानदारी से कमाई करो।"

"काम? कहाँ है काम?"

"ढूँढ़ो! ढूँढ़ना तुम्हारा काम है।"

नैरोबी और मंबासा के दरमियान दुई के रेलवे जंक्शन पर दो रेलगाड़ियाँ खड़ी थीं। आज से कई साल पहले यहाँ दुश्वार-गुज़ार घने जंगलों का लगातार सिलसिला था, लेकिन आज यहाँ बेहद भीड़-भाड़ का आलम था। प्लेटफ़ार्म पर खड़ी एक गाड़ी मंबासा से नैरोबी की तरफ़ जा रही थी और दूसरी नैरोबी से मंबासा की ओर। दोनों गाड़ियों के थर्ड क्लास के डिब्बों से दो काले नौजवान बाहर निकले। उदास, बोझिल दोनों प्लेटफ़ार्म पर लगे हुए पानी के नल के क़रीब आ खड़े हुए। मुँह-हाथ धोया, पानी पिया और फिर एक-दूसरे की तरफ़ देखने लगे।

"जाम्बो, रफ़ीक़ी।"

"जाम्बो।"

"नैरोबी।"

"कहाँ से आये हो?"

"मंबासा से।"

"लो सिगरेट पियो, रफ़ीक़ी, वहाँ क्यों जा रहे हो?"

"काम की तलाश में। तुम कहाँ जा रहे हो, रफ़ीकी?"

"मंबासा।"

"कहाँ से आये हो?"

"नैरोबी से।"

"क्यों जा रहे हो वहाँ, रफ़ीक़ी?"

"काम की तलाश में।"

मल्टीरेशियल

पार्लियामेंट की पब्लिक गैलरी लोगों से खचाखच भरी थी। बेंचों पर क़तार-दर-क़तार बैठे हुए अफ़्रीक़ियों और यूरोपियों के काले-ब्राउन और सफ़ेद चेहरे इस तरह लग रहे थे, जैसे वहाँ किसी आज़ीम फ़नकार का मल्टीरेशियल सोसाइटी से मुताअल्लिक़ एक निहायत उम्दा इश्तहारी पोस्टर चस्पाँ हो।

मल्टीरेशियल समाज के अलम्बरदार आनरेबिल कुमार ने मुस्कराते हुए अपनी टाई की नॉट को दुरुस्त किया और हाउस के रू-ब-रू निहायत तहम्मुल से आज का मोशन पेश करते हुए कहा, ''गवर्नमेंट को इस मुल्क की ज़िन्दगी के हर शोबे[1] में मल्टीरेशियल सोसाइटी के उसूल को ब-रुए-कार लाने के लिए फ़ौरी क़दम उठाना चाहिए।''

पब्लिक गैलरी की पहली क़तार में बैठे एक अफ़्रीकन ने ख़ुश होकर अपना दायाँ बाज़ू ऊँचा करके उसे अनजाने में पहलू के एक अंग्रेज़ की पुश्त पर लटका दिया, और जब वह अंग्रेज़ नाक-भौं चढ़ाते हुए तेज़ी से परे हटा तो अफ़्रीकन ब-मुश्किल मुँह के बल गिरते-गिरते बचा और उसके चेहरे की सियाही शर्मिन्दा होकर देर तक हँसते हुए नज़र आने की कोशिश करती रही।

अपने लहजे के ख़ुलूस से मुतासिर होकर आनरेबिल कुमार की मुस्कराहट और खिल गयी—''हमारा मुल्क दरअसल हमें एक सुनहरी मौका दे रहा है कि हम पूरी बिरादरी के ख़ुश आइन्द ख़्वाबों के अव्वलीन किनारे बन जायें और नस्ली भेदभाव को अमली तौर पर ख़त्म करने के लिए पहले क़दम बढ़ायें।''

लेजिस्लेटिव कौंसिल के एक तरक्की पसन्द अंग्रेज़ मेम्बर आनरेबिल लाइट ने अपने एक साथी को टहोका देते हुए आहिस्तगी से कहा—''तअज्जुब है आनरेबिल कुमार एशियाई होने के बावजूद इतनी शुस्ता अंग्रेज़ी बोलता है।''

1. विभाग

"एशियाई मेम्बरों में यही एक काम का आदमी है।" वह दोनों आनरेबिल कुमार की तरफ हौसला अफ़ज़ाई नज़रों से देखने लगे।

"यह महज इत्तेफ़ाक़ नहीं कि हम तीनों क़ौमें इस तारीक बर्रे-आज़म में इकट्ठी हो गयी हैं, बल्कि फ़ितरत को इनसान के उस दावे की आज़माइश मतलूब है कि उसकी क़ौमियत का नाम इनसानियत है, कि उसकी बेहतरीन सलाहियतें उस वक्त उजागर होती हैं, जब वह दुनिया भर के लोगों की जानिब दोस्ती का हाथ बढ़ाकर, उनके साथ मिल-जुलकर रहता है।"

"मिस्टर स्पीकर एण्ड दि आनरेबिल मेम्बर्स न्यूयार्क से यूनाइटेड नेशन्स की जमाअत शायद वह काम करने से क़ासिर हो जो आप यहाँ अपनी मल्टीरेशियल सोसाइटी की सेहतमन्द तरक्की से बखूबी अंजाम दे सकते हैं। उनके नज़दीक क़ौमों के बाहमी एतमाद की बातें करना शायद एक सियासी मस्लहत है, लेकिन आपके लिए यह मौज़ू रोज़मर्रा की एक ज़िन्दा हक़ीक़त है। अब चाहे आप इस हक़ीक़त का गला घोंट कर क़ातिल कहलायें, चाहे इस बच्चे को किसी माँ की तरह बड़े प्यार से पाल-पोस कर बड़ा करें, ताकि सारा ज़माना इसकी ताक़त महसूस करने लगे। हज़रात, हम माँएँ हैं। माँएँ अपने बच्चों को क़त्ल नहीं करतीं बल्कि अपना ख़ून देकर भी उनकी परवरिश करती हैं।"

आनरेबिल कुमार अपने इस इस्तेआर[1] को और ज़्यादा लम्बा करना चाहता था मगर शिद्दते-जज्बात से उसका गला सूखने लगा और वह सामने मेज़ पर रखा हुआ पानी पीने के लिए ज़रा रुक गया।

अफ्रीक़न मेम्बर सर उठाकर आनरेबिल कुमार की तरफ़ हैरत और तारीफ़ की नज़रों से देखने लगे जैसे पुराने ज़माने में उनके ग़ैर-मोहज़्ज़ब पुरखे आसमान से सरगोशियाँ करती हुई पाक पहाड़ी की जानिब देखते हुए अपने मुँह खुले छोड़ देते थे।

"मैं इस बात को अफ्रीकी तारीख़ की सबसे बड़ी ट्रेजिडी समझता हूँ कि हमारे बाप-दादा अपने-अपने तअस्सुबात का शिकार बने रहे, एक-दूसरे को बिला वजह शक की नज़रों से देखते रहे, साथ-साथ रहते हुए भी ऐसा तर्ज़े-ज़िन्दगी अख़्तियार कर रखा जैसे हम तीन अलग-अलग क़ौमें हैं और एक-दूसरे से हज़ारों मील दूर तीन अलग-अलग तीन बरै-आज़मों[2] पर रहते हैं।

आनरेबिल मेम्बर्स, मैं आपसे एक सादा-सा सवाल पूछना चाहता

1. प्रतीक, 2. उप-महाद्वीपों

हूँ। मुझे बतायें कि आख़िर लफ़्ज़ 'क़ौमियत' की तारीफ क्या है। अगरचे हममें से एक मामूली अक़्लियत बहुत रजअत-पसन्द[1] है, मगर मुझे पूरा यक़ीन है कि एक भारी अक्सरियत का तरक्कीपसन्द नज़रिया मेरे नज़रिये से मुख़्तलिफ़ नहीं होगा।"

तक़रीबन सभी आनरेबिल मेम्बरान यह सोच कर बहुत ख़ुश हुए कि वह आनरेबिल कुमार के तरक्कीपसन्द ग्रुप से ही तअल्लुक रखते हैं।

"मेरे सवाल के जवाब में इस अहम मसले का हल पोशीदा है। मुझे बतायें कि जब हम किसी क़ौम का ज़िक्र करते हैं तो हमारा मतलब किन लोगों से होता है।"

"मुझे आपकी ज़हानत पर बिल्कुल शक नहीं, आपकी आलिमाना निगाहें मुझे वही जवाब दे रही हैं जो मेरे ज़ह्न ने मुझे दिया है। किसी क़ौम का ख़याल हमारे सामने एक ऐसा निज़ाम पेश करता है, जिसकी बदौलत, उस क़ौम के लोग सियासी, समाजी और माद्दी तौर पर एक-दूसरे के साथ हों। क्या यहाँ इस जन्नत-नज़ीर मुल्क में अफ़्रीकन और यूरोपियन और एशियन लोग अपनी-अपनी बहबूदी के लिए एक दूसरे के पाबन्द नहीं? क्या हमारी तरक्की का इनेहसार एक-दूसरे की तरक्की पर नहीं? हज़रात, मैं अपने सवाल के जवाब के लिए ज़रा दम लेना चाहता हूँ।"

आनरेबिल कुमार ने किसी महबूब फ़िल्मी अदाकार की तरह तमाशाइयों की तरफ़ देखा और दम लेने के लिए फिर पानी के गिलास को मुँह से लगा लिया। उसके ग्रुप के आनरेबिल मेम्बर फ़ख्र मंदी से मुस्कराते हुए इधर-उधर देखने लगे, गोया कहना चाहते हों, "देखा, हमारा एशियन ग्रुप लीडर? अगर हिम्मत हो तो उसके बयान की तरदीद करो।"

"जनाबे-मन," आनरेबिल कुमार ने स्पीकर की तरफ़ देखते हुए एतमाद के लहजे में कहा, "मैं समझता हूँ कि हाउस की एक भारी अक्सरियत इस बात से मुत्तफ़िक है कि हमारे खूबसूरत मुल्क में दरअस्ल तीन मुख़्तलिफ़ क़ौमें नहीं बसतीं, बल्कि यहाँ सब लोग एक ही क़ौम से तअल्लुक रखते हैं, हम सब अफ़्रीकन हैं।"

"हियर!, हियर!" एक अफ़्रीकन मेम्बर ने बेअख़्तियार कहा, अपने मज़बूत सफ़ेद और बड़े-बड़े दाँतों की नुमाइश करते हुए उसके चेहरे की चमकदार सियाही खिलखिलाकर हँसने लगी।

---

1. हठी

"हियर!" एक बेदार मग़्ज़ अंग्रेज़ भी अपनी आवाज़ में दबाव पैदा करने के लिए अपने मस्नुई दाँतों को मुँह में अच्छी तरह सेट करके बोल उठा।

"हज़रात! हमारी सोसाइटी एक अफ्रीकी सोसाइटी है, एक मल्टीरेशियल सोसाइटी, जिसके तमाम मेम्बर, माद्दी, समाजी और सियासी तौर पर बराबर एक-दूसरे के मोहताज हैं। इस हक़ीक़त के पसमंज़र पर हमारी तहज़ीब में यकसानियत का वजूद होना नागुज़ीर है।"

गैलरी में बैठी पब्लिक के लबों पर एक जैसी मुस्कराहटें फैलने लगीं। यकायक हवा की ख़ुनकी से एक अफ्रीकन और एक फ्रांसीसी को छींकें आने लगीं। फ्रांसीसी ने बहुत मोहज़्ज़ब तरीक़े से अपने कोट की ऊपर की जेब से इस्त्री किया हुआ खूबसूरत रूमाल निकाला और बड़े सलीक़े से उसे अपनी नाक पर रख लिया। अफ्रीकन की किसी अन्दरूनी जेब में एक गन्दा-सा रूमाल मौजूद तो था लेकिन कुछ तो सारी ज़िन्दगी रूमाल के मुनासिब इस्तेमाल का आदी न होने और कुछ अपने ग़लीज़ और रूमाल की बदबू के एहसास से उसने उसे वहीं अपनी अन्दरूनी जेब में रहने दिया। उसकी नाक और मुँह से पानी की हल्की-हल्की दो-चार बूँदें एक निहायत दिलकश एशियाई ख़ातून के बायें रुख़्सार पर आ गिरीं।

"बदतमीज़।" एशियाई ख़ातून ने चेहरे पर नफ़रत के आसार पैदा करते हुए दिल ही दिल में कहा, "तहज़ीब तो छू भी नहीं गयी है इन जंगलियों को।"

"आनरेबिल मेम्बर्स, हमारी तहज़ीब एक है, फिर हम अपने छोटे-छोटे तबक़ाती एख़्तेलाफ़ात को बालाए-ताक़ रखकर क्यों न अपने इस मल्टीरेशियल कल्चर के हुसूल के लिए ख़ुशगवार फ़िज़ा कायम करें। अपनी क़ौमी ज़िन्दगी में इस यक जहती की दायमी ज़िन्दगी के लिए कोशाँ हों? अब वक़्त आ गया है जब हम अपनी नकली अलाहदगी को तोड़-फोड़कर अपनी आम ज़िन्दगी में इकट्ठे नज़र आयें। हमारे बच्चे मल्टीरेशियल स्कूलों में तालीम हासिल करें और हम सब के रहने-सहने, उठने-बैठने का ढंग एक सा हो ताकि हर मुमकिन तरीके से हम एक-दूसरे से बहुत क़रीब आकर दुनिया के लिए एक मिसाली मल्टीरेशियल समाज की तख़्लीक़ कर सकें।"

तक़रीर से मुतासिर होकर एक बूढ़ा अंग्रेज़ ईसा मसीह को याद करने लगा और अपने पहलू में बैठे एक एशियाई नौजवान को अपने निहायत क़ीमती सिगरेटों के डिब्बे में से एक सिगरेट पेश किया। वह

हसीन एशियाई ख़ातून भी उस अफ़्रीकन की छींकें भूल गयी और उसकी मिसकीन सूरत पर तरस खाने लगी। फिर जब उसने ज़रा मुँह मारने के लिए अपना च्युंगम का डिब्बा खोला तो उसका जी चाहा कि यह सारा डिब्बा उस अफ़्रीकन के हवाले कर दे।

''आनरेबिल मेम्बर्स, इससे पहले कि आप मेरी इस तहरीक पर मज़ीद बहस करें, मैं आपको ख़बरदार करना अपना फ़र्ज़ समझता हूँ कि इस अम्न परवर इनसानियत नवाज़ तहरीक की मुख़लफ़त करना हमारे लिए खुदकुशी करने के बराबर होगा।''

''साहिबान, क्या आप खुदकुशी करना चाहते हैं?''

सबने अपने गलों से अलाहदगी का फन्दा उतार फेंका और किसी ख़ानदान के अफ़राद की तरह शफ़क़त से एक-दूसरे की तरहफ देखने लगे। उनके हयात बख़्श एहसासात की गर्मी से ख़ुनक मौसम में हरारत-सी पैदा हो गयी।

आनरेबिल कुमार उस फ़ेमिली के बाप की तरह अपने बच्चों को आपस में प्यार से खेलते हुए देखकर खुशी से अपना सर हिलाने लगा।

लंच टाइम हो गया था, इसलिए मज़ीद बहस से पहले दो घंटे के लिए जलसा उठ गया।

'मुबारकबाद!' आनरेबिल कुमार! मैं आपकी तक़रीर से बहुत मुतासिर हूँ।'' लेजिस्लेटिव कौंसिल का एक अफ़्रीकन मेम्बर बड़े तपाक से आनरेबिल कुमार से हाथ मिलाने लगा।

''बहुत ख़ूब आनरेबिल कुमार! मैं बुनियादी तौर पर आपसे इत्तेफ़ाक करता हूँ। मगर बाज़ चीज़ें बहस-तलब हैं।'' एक मोहतात यूरोपियन मेम्बर कहने लगा।

''कुमार साहब आप बहुत अच्छा बोले हैं।'' एक एशियाई मेम्बर अपने अज़ीम लीडर की तरफ़ तारीफ़ी नज़रों से देखने लगा। ''अब लंच के लिए घर कहाँ जाएँगे, चलिए यहीं किसी रेस्तराँ में खाना खा लेते हैं।''

पार्लियामेंट हाउस से बाहर थोड़ी दूर जाकर आनरेबिल कुमार और उसका साथी एक बार के पास रुक गये। बार के अन्दर क़दम रखते हुए आनरेबिल कुमार ने देखा कि वहाँ सिर्फ़ अफ़्रीकी लोग ही बैठे हुए हैं।

''यह तो कोई अफ़्रीकन बार मालूम होता है, चलिए किसी अपने बार में जाकर बैठते हैं।'' आनरेबिल कुमार ने बेख़याली में कहा और वह दोनों उल्टे पाँव बाहर चले गये।

O

O यह हमारी दुनिया की शक्ल है, जैसे किसी फ़र्बा-अंदाम शख़्स के गोल-मटोल फूले पेट में गयी मोहलिक बीमारियों के ख़ौफनाक जरासीम कुलबुलाते हों। यही वजह है कि ख़ुदा की तारीफ़ में लिखी गयीं हज़ारों नज़्में पढ़कर पहला एहसास यही होता है कि हमारी दुनिया दरअस्ल एक बहुत बड़ा पागलख़ाना है। इस पागलख़ाने में अनगिनत क़ौमें बसती हैं, पागल, नीम पागल और होशमन्द, लेकिन होशमन्द क़ौमें तो पागलों और नीम पागलों से ज़्यादा पागल हैं क्योंकि वह अपने आपको सचमुच होशमन्द समझती हैं। आप बख़ूबी जानते हैं कि होशमन्द क़ौमें किसी आलमगीर अम्न कान्फ्रेंस में बड़े धीमे, ख़ुशकुन लहजे में तामीर, सुलह और आश्ती की बातें करते-करते यकायक सारे जहान को हाइड्रोजन बम से तबाह करने की खुली धमकियाँ देने लगती हैं। जैसे कोई ख़तरनाक पागल बड़े प्यार और तहम्मुल से बातचीत करते-करते अचानक चाकू निकालकर बिला वजह आप पर टूट पड़े। बहरहाल, जिस तरह किसी पागल की देखभाल के लिए चन्द होशमन्दों का होना ज़रूरी है, उसी तरह पागलों से लदी पड़ी इस दुनिया में चन्द होशमन्द क़ौमों के बग़ैर गुज़ारा नहीं, चाहे वह क़ौमें नाम के लिए ही होशमन्द क्यों न हों।

इस बैज़वी[1] पाग़लख़ाने के अन्दर एक और पागलख़ाना है, एक और दुनिया, अफ़्रीका।

एक ज़माना था कि यहाँ की घनी तारीकी के साँपों, शेरों, हाथियों और वहशी इनसानों के भारी क़हक़हों की आवाज़ें इस तरह आज़ादाना दौड़ी फिरतीं जैसे किसी मासूम सोये हुए बच्चे की बन्द आँखों में बेशुमार अंजान मुबहम खुशियाँ। मगर सूरज के निकलते ही ख़्वाबीदा बच्चा बिलखता हुआ जाग उठा, शादमाँ तारीकियाँ न जाने कहाँ खो गयीं। जब मोहज़्ज़ब क़ौमें भूख से पागल होकर ख़ुराक सूँघते-सूँघते

1. अंडाकार

यहाँ पहुँचीं तो उनकी तहज़ीब की मशअलें साहिल के कई जलती हुई लकीरें बन-बनकर बर्रे-आज़म के अन्दर अपना रास्ता बनाने लगीं। तारीकी में इधर-उधर उछलते बेपरवाह भारी क़हक़हे उन जलती लकीरों को अपनी जानिब लपकते देखकर ख़ौफ़ो-हैरत से खड़े रह गये और फिर बेअख़्तियार रोने लगे। यक-ब-यक चार तरफ़ शोले ही शोले नज़र आने लगे, भयानक शोले जिनमें अनजाने जानवरों की कर्बनाक दहाड़ें जलती रहीं, हब्शियों की गर्म आहें तड़पती रहीं, खूबसूरत नन्हे-मुन्ने परिन्दों के गीत सुलगते रहे। लाखों हब्शियों को गुलाम बनाकर साहिल पर लाया गया। उन्हें मवेशियों की तरह समंदरी जहाज़ों में लाद कर यूरोप और अमरीका भेजा गया। रास्ते में कई हब्शी गुलाम मौक़ा पाकर समन्दर में कूद जाते और फिर उनकी रूहें तेज़ी से परवाज़ करती हुई घर लौट आतीं, अपने रोते हुए बच्चों को कलेजे से लगातीं।

"मेंहदी!"

"मिटे!"

"ज़ई।"

मेंहदी, मिटे और ज़ई। सब बच्चों को महसूस होने लगता कि उनके गुमशुदा बाप उन्हें बाज़ुओं में लिए, सीनों से चिमटाये बेसुध हो-होकर चूम-चाट रहे हैं। मगर फिर उन्हें अपने पास न पाकर उनका प्यार हिचकियाँ भरने लगता, वह भाग कर अपनी उदास माँओं के पास चले आते और उनकी गोदों में सर दिये रोते-रोते उनकी घिग्घी बँध जाती।

"पागल!" यूरोपी तहज़ीब आहो-ज़ारी करते हुए उन वहशियों का वावैला सुन-सुन कर हैरत में पड़ जाती, गोया इनसानी दुख महसूस करने की नाअह्ल हो।

"पागल!" हब्शी अपनी जंगली ज़बानों में फ़रियाद करते रहे!

"पागल!" यूरोपी लोग ये अनजान बोलियाँ क्योंकर समझ पाते?

आख़िर कई सौ साल बाद यूरोपी क़ौमों का सोया हुआ ज़मीर जाग कर करवट बदलते हुए हड़बड़ाया।

लेखकों ने हब्शियों का दुख कुछ इस अन्दाज़ में बयान किया कि बेशुमार पादरी, डाक्टर, बाइबिल की कापियाँ और दवाइयों के डब्बे उठाये यहाँ दौड़े चले आये, हब्शियों के रूहानी और जिस्मानी ज़ख़्मों को धोने के लिए।

लेकिन किसी क़ौम की तरक्की के लिए सिर्फ़ पादरी और डाक्टर ही काफ़ी नहीं होते। अगर अफ़्रीका की छिपी हुई दौलत को दरियाफ़्त

करने के लिए तरह-तरह के माहिरीन यहाँ न आते तो आज भी यह बर्रे-आज़म सारी दुनिया से अलग-थलग तारीकी में भयानक ख़र्राटे भर रहा होता। सोने की खानें दरियाफ़्त न हो सकतीं, जहाँ हज़ारों-लाखों अफ़्रीकी मज़दूर काम करते हैं, यूरोपी लोगों के सरसब्ज़ लहलहाते खेतों के बजाए चारों तरफ़ वीरान जंगल भाँय-भाँय कर रहे होते और तहज़ीब याफ़्ता यूरोपी हुकूमतों के बजाय अभी तक बरबरियत का दौर-दौरा होता। यूरोपियन्स ने यहाँ के जंगली बाशिंदों को तालीम देकर उन्हें इनसान बनाया (जानवरों को पालतू बनाना मक़्सद हो तो उन्हें पहले इनसान ही बनाया जाता है), उन्हें कपड़ा पहनना सिखाया (फटे-पुराने चीथड़े ही मोहैया होने के बावजूद वह अपने नंगे-धड़ंगे बाप-दादा से बहुत बेहतर थे), उनके लिए जदीद तर्ज़ के मकान तामीर कराये (जब बाहर सर्द हवा में जिस्म अकड़ता हो तो दस-बारह लोग सिर्फ़ एक ही कोठरी में दुबके मोंगो का शुक्र अदा कर लेते हैं) और कुशादा सड़कें बनवाईं, जिन पर सरपट भागती हुई लातादाद मोटरगाड़ियाँ अक्सर पैदल चलते काले मज़दूरों और बेकार उचक्कों को रौंद जाती हैं। (लेकिन जो काले ट्रैफ़िक के आदाब से आश्ना होते हैं, उन्हें सिर्फ़ ऐसी गाड़ियों से ही ख़तरा लाहक़ होता है जिनके ख़ुशहाल ड्राइवर शराब के नशे में धुत हों या जो ड्राइव करते हुए अपनी महबूबाओं से इश्क़ फ़रमा रहे हों।)

कई अजनबी यह देखकर हैरत करते हैं कि चन्द अफ़्रीकी बिल्कुल यूरोपियों और एशियाइयों की तरह ही वकील, डाक्टर या प्रोफ़ेसर हैं और अपना काम करते हुए बिल्कुल उनकी ही तरह मुस्तइद नज़र आते हैं। मगर यह तआज्जुब दरअस्ल नौ-आबादों से बेइंसाफ़ी के बराबर है। अगर ये अजनबी लम्हा भर के लिए नौ-आबादों की उन लगातार कोशिशों का ख़याल करें, जिनकी बदौलत काले लोगों को इस रुतबे तक पहुँचना नसीब हुआ तो फिर उन्हें तआज्जुब न होगा। अभी पिछले साल ही की बात है कि अफ़्रीका की सिर्फ़ एक ही सरकार ने पूरे पन्द्रह सौ अफ़्रीकियों को टेलीफ़ोन आपरेटर के काम की ट्रेनिंग दी। कल तक ये लोग अपने सामने खड़े आदमी से अंग्रेज़ी के दो लफ़्ज भी बोलने से क़ासिर थे। लेकिन आज अगर आप उन्हें कभी ज़रूरतन फ़ोन करें तो आपको एहसासे-कमतरी महसूस होने लगे। यूँ लगता है कि जैसे कोई बी.बी. सी. बोल रहा हो—निहायत मोहज़्ज़ब और रवाँ-दवाँ।

शायद आपको कभी इन लोगों की औरतें देखने का इत्तेफ़ाक

नहीं हुआ। साउथ अफ्रीका से एक अच्छा-सा माहनामा[1] निकलता है—'तर्रम' इस रिसाले में अगर आप काली मेमों के नये-नये पोज़ देखें तो दंग रह जायें, उन्हें देखकर हालीवुड की 'तितलियाँ' भी चकरा कर रह जाती हैं।

लेकिन एक बात समझ में नहीं आती। इस अज़ीम तरक़्क़ी के बावजूद कई साल से इस काली धरती के कोने-कोने से बेहद हंगामा उठ रहा है, मानो किसी पागलख़ाने में सब भाई लोगों के मन में कोई तरंग उठी हो और सब मिलकर एक आवाज़ में ज़ोर-ज़ोर से नारे लगाने लगे हों, आज़ादी के नारे!

''आहरो!''

अरे दीवानो! आख़िर किस बात की आज़ादी चाहते हो? वापस ग़ारों में जाने की आज़ादी? भूखा-नंगा रहने की आज़ादी? अपने आपको बेवक़ूफ़ बनाने की आज़ादी?

इन्क़लाब, ज़िन्दाबाद!

इतना चिल्ला क्यों रहे हो? अपनी नयी-नयी हासिल-कर्दा तालीम को काम में लाकर जरा ख़ामोशी से इन्क़लाब का मुताला[2] करो, जो तुम्हारे मोहसिनों की अनथक मेहनतों से पहले ही तुम्हारी ज़िन्दगी में आ चुका है।

अफ्रीका हमारा है।

स्पूतनिक के इस दौर में जब ख़ुदा का ख़ला उसका अपना न रहा तो तुम किस खेत की मूली हो। पागलों की बेमानी चीख़-पुकार पर कोई ध्यान नहीं देता। मज़ीद तरक्क़ी चाहते हो तो पहले अपने बिगड़े दिमाग़ों का इलाज करो।

अफ्रीक़ा के अन्दर यह एक और पागलख़ाना है नैरोबी, जहाँ काले अफ्रीकी, गोरे यूरोपी और ज़र्द एशियाई इसलिए एक-दूसरे की जानिब मुस्कराकर देखते हैं कि उन्हें एक-दूसरे से नफ़रत है। कई मुक़ामी एजेंटों ने निहायत ख़ुशनुमा आर्ट पेपर पर बेशुमार रंगदार पैमफ्लेट छाप रखे हैं जिनमें यूरोपी लीडरशिप के ज़ेरे-साया इस शहर की गुज़िश्ता पचास बरसों की हैरतअंगेज़ तरक़्क़ी की एक वाज़ेह झलक मिलती है।

यह देखिये इस पैमफ़्लेट में अमरीकी स्टाइल पर बनाये गये शानदार होटलों की दिल-फ़रेब तस्वीरें हैं। ख़्वाहमख़्वाह इधर-उधर भटकने के बजाय आप सिर्फ़ पचास शिलिंग रोज़ाना अदा करके यहाँ

1. मासिक पत्रिका, 2. अध्ययन

किसी होटल में ज़िन्दगी के सारे सुख हासिल कर सकते हैं। यह एक और पैमफ़्लेट है—जिसमें शहर के कई क़ाबिले-दीद मुक़ामात के बारे में ज़रूरी इत्तेलात दी गयी हैं। यह सिटी पार्क है, जहाँ इतवार की हर शाम को मौसीक़ी के माहिरों के मुख़्तलिफ़ ग्रुप अंग्रेज़ी बैंड बजाते हैं, गाहे-गाहे वक़्फ़ों से ताश खेलते हैं और गायें हाँकते हुए तमाशाई घड़ी भर के लिए ताश खेलना या गायें हाँकना बन्द कर देते हैं ताकि ख़ूब ज़ोर-ज़ोर से तालियाँ बजाकर मौसीक़ी के माहिरीन की हौसलाअफ़ज़ाई करें।

यह तस्वीर नेशनल पार्क की है, यहाँ हाथी, शेर और गैंडे वग़ैरा खुले बन्दों फिरते नज़र आते हैं। इस पार्क में दाख़िल होते हुए सरकारी हिदायत के मुताबिक़ आपको अपनी कार के सब शीशे बन्द रखने पड़ते हैं। अगर आप अपनी कार शेरों के किसी गिरोह के पास ला खड़ी करें तो आप पर लपक कर हमला करने के बजाय, वह चुपचाप बैठे आपस में न मालूम क्या-क्या सरगोशियाँ करते रहते हैं। मानो आज़ाद होने के बावजूद जंगल का यह शाही खानदान क़ैद में हो। सुनने में आया है कि कभी-कभी ये शेर अचानक भड़क उठते हैं, सचमुच के जंगल के शेरों की तरह, और फिर गेम वार्डन उन्हें कई-कई दिन भूखा रखकर उनकी मरम्मत करते हैं कि आख़िर उन्हें लाचार, हाजत मन्द इनसानों की तरह भूले हुए सब इशारे ख़ुद-ब-खुद याद आ जाते हैं।

यह सिटी गार्डन है, यहाँ सारी दुनिया के दरख़्त उगाये गये थे, जो काली ज़मीन की हयात-परवर नमी चूस-चूस कर अब कितने बढ़ गये हैं, इस शहर में आये हुए कई लाख विदेशी लोगों की तरह! इस बाग के एक अलग कोने में मुक़ामी नस्ल का यह एक बूढ़ा दरख़्त है, नंगा, सूखा और कमज़ोर। यह बूढ़ा दरख़्त सारा दिन एक पाँव पर खड़ा कुछ सोचता रहता है और रात को ठीक बारह बजे यहाँ से हल्की-हल्की सिसकियों की आवाज़ें आने लगती हैं।

काले लोगों में एक रिवायत मशहूर है कि यहाँ एक नौज़वान हब्शी का भूत रोता है। इस हब्शी ने यहाँ ख़ुदकुशी की थी। एक बार मेरे एक ख़ुशहाल अंग्रेज़ दोस्त की ख़ूबसूरत, नौ उम्र बीवी ने यह रिवायत सुनकर अपनी शीरीं नज़र अपने शौहर के चेहरे पर जमा ली जैसे उससे पूछ रही हो—"यह नौजवान हब्शी कोई मायूस आशिक़ होगा? जिमी बताओ, अगर मैं भी तुमसे शादी न करती तो क्या तुम भी ऐसे ही किसी बूढ़े दरख़्त के नीचे ख़ुदकुशी कर लेते, हाऊ वंडरफ़ुल जिमी?"

और फिर जैसे उस दरख़्त पर टकटकी बाँधे कोई ख़ामोश मुहब्बत भरा नग़मा सुनते हुए उसकी आँखों में पानी भर आया।

उस ख़ूबसूरत लड़की का यह तिलिस्म तोड़ते हुए मुझे ज़हनी अज़ीयत महसूस हुई।

"मैडम, मुझे अफ़सोस है कि इस रिवायत में मुहब्बत का ज़िक्र बिल्कुल नहीं आता। यह एक सपाट-सी कहानी है। यह अफ्रीकी नौजवान दरअस्ल पागल था, लेकिन पागलों को भी इसी तरह भूख लगती है जैसे हम सब को, इसलिए एक दिन यह पागल हब्शी भूख से बेताब होकर किसी बीमार कुत्ते का कच्चा गोश्त खा गया और फिर पेट के दर्द से मज़ीद पागल होकर उसने यहाँ ख़ुदकुशी कर ली।"

लेकिन, मैं तो आपको नैरोबी के ख़ूबसूरत मुक़ामात की तस्वीरें दिखा रहा था। ये देखिए—यहाँ से इस शहर का सबसे बड़ा बाज़ार शुरू होता है। यहाँ एशियाई दुकानदारों की चिकनी-चुपड़ी बातें सुन-सुन कर गाहक के दिमाग़ में फिसलन सी पैदा हो जाती हैं, सिर्फ़ इसी बाज़ार के आस-पास चार आलीशान सिनेमा घर हैं। इस चौक के बायें कोने पर इस्माइलियों का यह जमाअतख़ाना देखिए, जमाअतख़ाने की इमारत पर बिजली की हज़ारों बत्तियाँ जल रही हैं। इन बत्तियों की बेइन्तेहा रोशनी में अक्सर अफ्रीकी अपनी ज़िन्दगी का घोर अँधेरा देख लेते हैं, और फिर ठोकर खाकर औंधे मुँह नीचे आकर गिरते हैं।

यह क़ानून साज़ असेम्बली की इमारत है। इस नयी इमारत को बने अभी चन्द साल ही हुए हैं। इस इमारत के टावर क्लाक के बारे में लोकल अख़बारों में कई दिन बड़ी गरमा-गरम बहस चलती रही। एक ग्रुप का ख़याल था कि हर घंटे के बाद क्लाक से टन-टन की आवाज़ आनी चाहिए और दूसरे ग्रुप के अफ़राद कहते थे कि इस टन-टन से उनके सुकून को ख़लल पड़ने का अन्देशा हैं। आप भी ज़रा इस बात पर ग़ौर फ़रमाइये। हमें तो दूसरे ग्रुप की बात ज़्यादा माकूल मालूम होती है। जब रवाँ-दवाँ ज़माने की टन-टन का बेइन्तेहा शोर सुनकर ज़हन अपना तवाज़ुन खो बैठे तो मामूली-सा मज़ीद ख़लल भी हालात को नाज़ुक बनाने का सबब बन सकता है।

शहर की सिटी कौंसिल निहायत मुस्तइद है। चन्द साल ही में मेम्बरान की अनथक कोशिशों ने शहर का हुलिया बदल दिया है। निहायत साफ़-सुथरी सड़कों और गलियों की प्लानिंग देखते हुए यही मालूम होता है, गोया कोई जदीद यूरोपी शहर उठाकर यहाँ रख दिया गया है। लंच टाइम पर प्रिंसेस एलिज़ाबेथ हाई वे पर मीलों फैली

हुई नयी-नयी मोटरगाड़ियों की क़तारें देख-देख कर तमाशाई का सर चकराने लगता है। शहर में घोड़ागाड़ियों का इस्तेमाल अर्से से बिल्कुल ममनूअ कि जानवर साफ़-सुथरी सड़कों को गन्दा कर देते हैं। यही वजह है कि सिटी कौंसिल की बेइन्तेहा कोशिशों के बावजूद शहर का वह हिस्सा बड़ा गन्दा रहता है, जहाँ चन्द इनसानों का रहना-सहना जानवरों की तरह है। अगर इस इलाके में इत्तेफ़ाक़न कोई मोटर गाड़ी गुज़र जाये तो अधनंगे ग़लीज अफ्रीकी बच्चे जगह-जगह टोलियाँ बनाकर खड़े हो जाते हैं, गर्द फाँकते हुए तालियाँ बजा-बजाकर खूब शोर मचाते हैं और दूर तक गाड़ी की पुश्त पर कीचड़ भरी निगाहें जमाये रहते हैं।

शहर के अफ्रीकी लोगों की ज़िन्दगी बेहतर बनाने के लिए कोई कसर नहीं छोड़ी गयी। लाखों पौंड के एजूकेशन प्रोजेक्ट बनाये जा रहे हैं। अस्पतालों में उनका मुफ़्त इलाज किया जाता है। उनकी रूहों को रोशन करने के लिए मुख्तलिफ़ मज़हबी मिशनों को भारी सरकारी मदद मिलती है। अफ्रीकी हाउसिंग स्कीम के लिए बेशुमार दौलत पानी की तरह बहाई जा रही है। लेकिन इस अज़ीम काम के बावजूद कई एहसान-फ़रामोश लोग बेहूदा बातें करते हैं, नेकनियत लोगों पर कीचड़ उछालते फिरते हैं, अपनी अकड़ में किसी को शुमार में नहीं लाते।

''हम पर यह पाबन्दियाँ क्यों लगाई गयी हैं?''

कोई पूछे कि इन बेज़रर पाबन्दियों के बग़ैर वह मेयारी शहरियत की तरबियत कैसे हासिल करेंगे।

''हमें हर जगह आज़ादी से घूमने-फिरने की आज़ादी होनी चाहिए।'' देखिए ना, शहरों में रहते हुए भी यह लोग अभी तक यही समझ रहे हैं कि अभी जंगलों में मुक़ीम हैं, बेचारे तहज़ीब के राज़ अभी तक नहीं समझ पाये।

''हम अपनी पुरानी ज़िन्दगी की तरफ़ लौटना चाहते हैं।''

''पागल! निरे पागल! अभी तक मुड़-मुड़ कर ग़ारों को देख रहे हैं।''

आज से पन्द्रह-बीस बरस पहले इस ख़ूबसूरत शहर का माहौल बड़ा पुरसुकून था। यूरोपी अफ़सर बहुत मेहरबान थे। एशियाई क्लर्क और ताजिर सरकार के नाम की माला जपते थे, अफ्रीकी नौकर दो-चार शिलिंग माहवार तनख़्वाह और बचे-खुचे खाने पर हँसी-ख़ुशी राज़ी हो जाते। सब क़ौमों का आपस में बड़ा प्यार था, सब बेहद मुतमईन और ख़ुश थीं। मगर इन चन्द बरसों में ही ज़माना पलट गया है। हर

तरफ़ बे-इतमिनानी और शक नज़र आती है, जैसे सब कुछ हो जाने का ख़ौफ़ हो, कुछ न होने का ख़ौफ़ हो, जैसे सब पागल हो जाने से पहले होश के आख़िरी किनारों पर अपनी चीख़ों को सुनने के इन्तजार में तैयार खड़े हों।

तीसरे पागलख़ाने के अन्दर यह मरकज़ी नुक़्ता है, एक और पागलख़ाना, नैरोबी की थीका रोड पर अथारो मेंटल हॉस्पिटल। दरअस्ल हमारी कहानी यहीं से शुरू होती है।

इस पागलखाने में छह माह से एक बड़ा ख़तरनाक पागल ज़ेरे-इलाज है। मचस्पाकू एक बन्द वार्ड में बड़ी मज़बूत सलाख़ों के पीछे तन्हा रखा गया है, जहाँ से वह हर वक़्त बाहर की दुनिया देखता रहता है, वह आतश-बार भयानक आँखें जो आस-पास की सारी दुनिया तबाह होते, जलते देखना चाहती हैं, और फिर जैसे वह ज़हनी तौर पर सारी दुनिया की बरबादी का नज़ारा करने लगता है, ज़ोर-ज़ोर से बेअख़्तियार क़हक़हे लगाता है, सलाख़ों को तोड़ कर बाहर आ जाने के लिए दाँत पीसता है और सर के बल उल्टा खड़ा हो कर किसी जहन्नुमी रूह की तरह पेशीन गोई करता है कि अथारो पागलख़ाना शाम से पहले-पहले ज़मीन में मीलों नीचे धँस जायेगा।

सब पागल उसकी आवाज़ सुनते ही यूँ ताज़ीम से खड़े हो जाते हैं गोया उनका रूहानी पेशवा उनसे मुख़ातिब हो। ज़रा आप उसकी ख़ौफ़नाक सूरत का जायज़ा लें, बिल्कुल किसी मरदुम-ख़ोर जानवर की औलाद मालूम होता है, पागलख़ाने का सारा अमला उससे बच-बचकर रहता है। अगर उनका बस चले तो उसे वार्ड की सलाख़ों से बाँध कर गोली से उड़ा दें। यह बात नहीं कि पागलख़ाने के मुन्तज़मीन फ़र्ज़-शनास नहीं। पागलों की ख़िदमत करके उन्हें रूहानी तस्कीन होती है, मगर मचरिया का मामला ही कुछ और है। दो महीने हुए ज़ालिम ने निहायत बेरहमी से एक नेक ख़ातून का ख़ून कर दिया।

पागल होने से पहले मचरिया नैरोबी जेल में क़ैद काट रहा था। एक दिन जेल से भाग निकला मगर क़ानून से बचकर कहाँ जा सकता है। आख़िर पकड़ा गया। इस मुजरिमाना काम के बाद उसकी सज़ा बढ़ा दी गयी।

एक दिन वह जेल से बाहर जाने वाली नयी सड़क के लिए पत्थर कूट रहा था, चुपचाप, जाने क्या सोचते हुए। इसी दौरान उसका दिमाग़ चल गया। जेल वार्डन के कोड़ों से उसकी चमड़ी उधड़ गयी थी, मगर वह अपने गाँव के पेड़ गिनता रहा, अपनी बीवी से बातें करता रहा,

अपनी बकरियों के रटे हुए नाम ज़ोर-ज़ोर से पुकारता रहा। आखिर जब मार-पीट से थक-हार कर जेल के कारकुनों को यक़ीन हो गया कि क़ैदी नम्बर 115 पागल हो गया है, तो उन्होंने उसे अथारो मेंटल हॉस्पिटल की बन्द लारी में धक्का देते हुए हँस कर कहा—''जाओ हम तुम्हें तुम्हारी वानावाखे के पास भेज रहे हैं।'' पागलख़ाने का डाक्टर दो-चार रोज़ की तश्ख़ीस के बाद इस नतीजे पर पहुँचा कि क़ैदी का पागलपन ख़तरनाक क़िस्म का है।

चार महीने बिना किसी हादसे के गुज़र गये। अस्पताल में मिसेज़ होम मचरिया से निहायत मुहब्बत से पेश आयीं। वह बड़े फ़ख्र से डाक्टर से कहा करतीं—''देख लेना डाक्टर, तुम्हारे इलाज से .ज्यादा मेरा प्यार इस बदक़िस्मत क़ैदी को ठीक करेगा।''

''कोशिश कर देखो मिसेज़ होम, मगर याद रखना, ऐसे पागलों पर अगर ज़्यादा ध्यान दिया जाये तो कई बार उनका पागलपन .ज्यादा बढ़ जाता है।''

मिसेज़ होम मचरिया का बहुत ख़याल रखतीं, कुछ इसलिए कि वह मचरिया को अपने पेशेवराना कमाल का तजरबा समझने लगीं, और कुछ इसलिए कि उसका दिल था ही दूध से लबालब भरा हुआ एक कटोरा। उसे काले लोगों से बड़ी हमदर्दी थी। अक्सर अपनी इस हमदर्दी का ज़िक्र करते हुए वह रूमाल निकाल कर अपनी ख़ूबसूरत सब्ज़ आँखें पोंछने लगती, पुवर मिसेज़ होम!

मिसेज़ होम ने मचरिया के लिए निहायत उम्दा खाने का इन्तज़ाम कर रखा था। उसके चकोले के अलावा कभी-कभी वह अंग्रेज़ी मेस से उनके लिए अंडे, टोस्ट, मक्खन या मछली वग़ैरा भी हासिल कर लेती, जिन्हें निहायत इनहेमाक से जल्दी-जल्दी चट करके मचरिया सलाख़ों से बाहर खड़ी मुस्कराती हुई मिसेज़ होम की तरफ़ ऐसे देखता जैसे उसे भी हड़प कर जाना चाहता हो। मिसेज़ होम की मुस्कराहटें किसी अनजाने ख़ौफ़ से झुरझुरी-सी महसूस करने लगतीं और जैसे अचानक कोई काम याद आ जाने पर वह तेज़-तेज़ क़दम उठाती हुई अपने ऑफ़िस को हो लेतीं।

''हह हह हाह हा—!!'' गोया उसका ख़ौफ़ सूँघ कर दीवानावार वह क़हक़हे लगाने लगता।

एक धुँधली शाम को मचरिया ने अपनी आदत के मुताबिक़ सलाख़ों के दरवाज़े पर ज़ोर से ठोकर मारी तो वह खुल गया। वार्डन ताला लगाना भूल गया था। पागल मचरिया किसी होशमन्द इनसान

की तरह निहायत एहतियात से पंजों पर चलते हुए बाहर आ गया। नज़र बचा-बचा कर बाहरी गेट की तरफ़ जाते हुए वह कारीडार के एक लम्हा कोने में अचानक कोई चमकीली चीज़ देखकर रुक गया। माली की दरांती—दीवाने के माऊफ़ ज़हन में एक ख़ौफ़नाक ख़याल पनपने लगा, मानो दरांती अपने आप को किसी बेगुनाह के ख़ून से आलूदा देखकर ख़ौफ से दोहरी हो गयी और आँखों ही आँखों में मचरिया की लाख मन्नत-समाजत की, मगर पागल ने एक न सुनी।

जब मचरिया ने दरांती को अपनी मजबूत गिरफ़्त में लिया तो कुछ फ़ासले पर उसे मिसेज़ होम की पुश्त दिखाई दी, जो शायद किसी पागल को इंजेक्शन लगाकर खुश-खुश कुछ गुनगुनाते हुए अपने दफ़्तर की तरफ़ जा रही थी। सारे दिन की ड्यूटी से फ़ारिग होकर अब वह अपने घर जायेगी। मुँह-हाथ धोकर ढीले-ढीले साफ़ घरेलू कपड़े पहनेगी, फिर अपने शौहर के पहलू में आराम कुर्सी पर लेट जायेगी और अपने बच्चों से उनके स्कूल की छोटी-छोटी प्यारी-प्यारी बातें पूछेगी।

''धप!!'' दरांती के तेज़-तेज़ दाँत मिसेज़ होम का बायाँ कन्धा घास की तरह काटते हुए उसके दिल में उतर गये, जहाँ मिसेज़ होम के छोटे-छोटे बच्चे खुशी से तालियाँ बजाते हुए उछल-कूद रहे थे। एक दिल-ख़राश चीख़! गोया पुवर मिसेज़ होम की जगह खुद दरांती चीख उठी हो!!

वहशियों की औलाद! पागल!! मगर मचरिया कोई झूठ-मूठ का पागल तो था नहीं, वह तो वाकई पागल था, अपने मोहसिन की पहचान से क़ासिर, बिल्कुल पागल!!

जब उसे ठोकरें मार-मार कर वार्डनों ने दोबारा सलाखों के पीछे फेंका तो औंधे मुँह गिरते हुए उसके अगले दो दाँत टूट गये। नीम-बेहोशी के आलम में मचरिया अपने गाँव जा रहा था, खुले आसमान के नीचे, चारों तरफ़ फैले हुए घने जंगलों में, जाने-पहचाने रास्तों पर, तेज़-तेज़ क़दम उठाते हुए, आज़ाद!!

कमीना

मैं कार में बैठा अपनी बीवी का इन्तज़ार कर रहा था, जो नज़दीक ही किसी दुकान में शापिंग के लिए गयी हुई थी।

''जाम्बो, बाबू!''

मैंने सर उठाकर देखा, गाड़ी के दरवाज़े पर एक बड़ा ख़ुश-पोश अफ़्रीक़ी खड़ा था।

''जाम्बो'' जैसे मैंने उसे बड़े कड़वे अन्दाज़ में पूछा, ''हो, हो, क्या चाहते हो?''

''यह गाड़ी एक गैलन पेट्रोल में कितने मील सफ़र कर लेती है? उसने अफ़्रीकी ज़बान में पूछा।

''छत्तीस, क्यों'' दरअस्ल मैं कहना चाहता था कि अगर छत्तीस के बजाय बीस भी करे तो तुम्हें इससे क्या ग़रज़।

''मुझे यह फ़ियेट बहुत पसन्द है, तुम्हारी है?''

''और क्या तुम्हारी है?'' मैंने दिल ही दिल में कहा और ख़फ़गी से उसकी जानिब देखने लगा।

''अच्छी है।'' उसने कार के इर्द-गिर्द एक चक्कर काट कर कहा, ''बहुत अच्छी है।''

मैं सवालिया नज़रों से उसे देखता रहा।

''बेचोगे?''

मैं अपनी सीट पर उछलकर ज़रा चौकन्ना और मशकूक नज़रों से उसे देखने लगा।

''कोई ख़तरनाक आदमी मालूम होता है,'' मैंने डरते हुए सोचा और अपने आस-पास किसी कांस्टिबल को देखने लगा—अभी घड़ी भर में गाड़ी के ट्रायल के लिए पूछेगा और फिर इसे लेकर न जाने कहाँ ग़ायब हो जायेगा?

इसी दौरान उसने कोई क़ीमती सिगरेट सुलगाया और मुझे भी पेश किया।

''नहीं, मैं सिर्फ़ अपनी ब्रांड ही पीता हूँ।''

"बेचोगे? छह हज़ार दूँगा।" ट्रायल के लिए गाड़ी माँगने के बजाय उसने फ़ौरन अपनी आफ़र कह सुनाई।

छह हज़ार! पिछले महीने जब मैं यही गाड़ी बेचने के लिए ए.बी. सी. मोटर्स वालों से मिला था, तो उन्होंने चार हज़ार शिलिंग से एक सेंट भी न बढ़ाया था।

"शायद यह आदमी वाक़ई शरीफ़ हो।" मैं अपने आपको समझाने लगा—"आख़िर शरीफ़ और अमीर लोग हर क़ौम में होते हैं।"

"मचाकोस में मेरी बूचरी है। मेरे दो ट्रक हैं, एक बड़ी सैलून कार है, मगर मुझे तुम्हारी यह छोटी फ़ियेट पसन्द है।"

मेरा शक दूर होने लगा।

"बात यह है कि मुझे आज शाम मचाकोस पहुँचना है। मैं चाहता हूँ कि एक छोटी गाड़ी साथ ही लेता जाऊँ।"

अब मैंने दूसरी तरफ़ का दरवाज़ा खोलकर उसे बड़े तपाक से गाड़ी के अन्दर बैठने को कहा।

"ढाई साल के अर्से में मुझे इस गाड़ी ने एक बार भी तंग नहीं किया। बड़ा साउंड इंजन है।"

"मैं आज ए.बी.सी. मोटर्स के शो रूम में गया था, वहाँ मुझे अपनी पसन्द की कोई गाड़ी नहीं मिली।"

अब तक मुझे पूरी तशफ़्फी हो चुकी थी कि वह कोई उचक्का नहीं है, और वाक़ई मेरी गाड़ी खरीदना चाहता है। छह हज़ार शिलिंग! मैंने सोचा कि अगर असामी फँस जाये तो बैठे-बिठाये पूरे डेढ़ हज़ार का फ़ायदा हो जाये। उसे ज़रा पक्का करने के लिए मैंने कहा, "मैं यह कार बेचकर कोई बड़ी कार ख़रीदना चाहता हूँ, मगर मुश्किल यह है कि कोई माकूल गाड़ी मिलते-मिलते दस-बारह रोज़ लग जाते हैं और मेरा इसके बिना एक लम्हा गुज़ारना भी मौत है और फिर—।"

"बाबू! तुम तो नैरोबी में रहते हो, रोज़ यहाँ तरह-तरह की गाड़ियाँ आती ही रहती हैं।"

मैंने कुछ ऐसी सूरत बना ली जैसे अपनी गाड़ी बेचने के लिए मैं कोई ख़ास दिलचस्पी नहीं रखता।

"अगर तुम मान जाओ बाबू, तो मैं साढ़े छह हज़ार देने को भी तैयार हूँ, कहो मंज़ूर है?"

"मंज़ूर है," मैंने ज़ोर से कहा और फिर गोया मेरा जोश एक पल के लिए उरियाँ होकर फिर बनावटी बेपरवाही के पीछे जा छिपा।

"हुँह—।"

थोड़ी देर में मेरी बीवी लौट आयी। मैंने बड़ी बेसब्री से उसे सारा माजरा कह सुनाया। चूँकि अफ़्रीकी हमारी ज़बान न समझता था, इसलिए उसकी मौजूदगी में भी हम दोनों आपस में खुलकर बात-चीत कर सकते थे।

सारा क़िस्सा सुनकर मेरी बीवी की आँखें कहने लगीं—''भला इसमें सोचने का मामला ही क्या है? जल्दी-जल्दी सौदा पक्का करके रक़म वसूल कीजिए।'' मगर वह चूँकि दूसरे एशियाइयों की तरह भोले-भाले अफ़्रीकियों की जिहालत का नाजायज़ फ़ायदा उठाना गुनाह समझती थी, इसलिए मुझसे बात करते हुए गोया अपने ज़मीर को समझाया, ''अगर आपसे बेचारे का सौदा हो जाये तो बेहतर है, वरना दुकानदार तो ऐसे बुद्धू गाहक को लूट खाते हैं।''

''लेकिन इस गाड़ी के साढ़े छह हज़ार लेना भी तो लूट-खसोट ही है।'' मेरा ज़मीर तो अक्सर सोया रहता था, ''इस टूटी-फूटी गाड़ी की इतनी क़ीमत हमें कहाँ से मिल सकती है, हर रोज़ कोई-न-कोई कल बिगड़ी रहती है।''

''आप भी अजीब बात करते हैं, साढ़े छह हज़ार में उसे इससे अच्छी गाड़ी कहाँ मिलेगी?'' मेरी बीवी का उदास ज़मीर भी कुछ कहे-सुने बग़ैर एक तरफ़ खिसक कर मेरे सोये हुए ज़मीर के साथ जा लेटा।

''हाँ'' मैं सोचने लगा, ''ए.बी.सी. मोटर्स वाले तो साले लुटेरे हैं। इतनी अच्छी गाड़ी है, फर्स्ट क्लास रोड होल्डिंग है, फिर भी क़ीमत साढ़े चार हज़ार बताते थे।''

''देखो भय्या!'' मैं अफ़्रीकी से मुख़ातिब हुआ—''मैं अभी अपनी गाड़ी बेचना तो नहीं चाहता था, लेकिन तुम्हारी ख़ातिर मान जाता हूँ।''

अफ़्रीकी ने बड़े ख़ुलूस से मेरा शुक्रिया अदा किया, मानो उसकी पेशकश क़ुबूल करके मैंने उस पर बहुत एहसान किया है।

''मगर देखो, क़ीमत चुकाने से पहले तुम गाड़ी किसी मेकेनिक से टेस्ट करा लो या कम-से-कम खुद ही आज़माइश कर लो। कोई सौदा करने से पहले पूरी तसल्ली कर ली जाये तो अच्छा रहता है।''

अफ़्रीकी सीधे-सादे अन्दाज़ में हँसने लगा, ''मैं ख़ुद मेकेनिक रह चुका हूँ, किसी को दिखाने की क्या ज़रूरत है? हम लोग गाड़ी देखते ही उसकी सही क़ीमत पहचान जाते हैं।''

''फिर भी तुम्हें ख़बरदार करना मेरा फ़र्ज़ है।'' मैंने खुश होकर

कहा। दरअस्ल हम ऐसे फ़र्ज़ बड़ी ख़ुशी से निभाते हैं, जिनकी अदायगी में हमारी ज़ाती भलाई का इमकान हो। ऐसा करके हमें यकीन हो जाता है कि हम वाक़ई बहुत फ़र्ज़-शनास हैं।

"अच्छा, बाबू, तुम अगर कहते हो तो मैं चला कर देख लेता हूँ।"

ड्राइवर की सीट से उठकर पहलू में बैठते हुए मुझे यह डर महसूस होने लगा कि कहीं इस ट्रायल के बाद बनी-बनाई बात बिगड़ न जाये।

"आधे पैसे मेरे पास हैं, लेकिन आधे थोड़ी दूर एक होटल में रखे हैं, चलो रास्ते में यह रक़म वहाँ से उठा लेंगे।" उसने वाकई किसी मेकेनिक की तरह गाड़ी स्टार्ट करते हुए कहा।

"आदमी तो अच्छा मालूम होता है।" पिछली सीट से गोया मेरी बीवी ने कहा हो कि "आदमी तो बेवक़ूफ़ मालूम होता है लेकिन फिर भी ध्यान रखियेगा, कहीं गाड़ी को ऐसी-वैसी जगह ले गया तो लेने के देने पड़ जायेंगे।" यानी अगर वह ख़िलाफ़े-तवक़्क़ो बेवक़ूफ़ न निकला तो हमारी अकलमन्दी धरी रह जायेगी।

"हुँह—" मैंने सिगरेट सुलगाकर बड़ा दानिशमंद नज़र आने की कोशिश करते हुए कहा, "तुम तो बड़ी अच्छी गाड़ी चला लेते हो।"

अपनी आवाज़ में चिकनापन महसूस करके मुझे अपना गुरु सर याद आने लगा जो दस सेंट तो अपनी चीज़ के वसूल करता और दस सेंट गाहक की तारीफ़ करने के।

अफ़्रीकी ख़ुशी से फूला नज़र आने लगा।

"मेरा नाम आरविन्द है, तुम्हारा नाम क्या है?" अफ़्रीकी जबान बोलते हुए, मैंने अपने अफ़्रीकी हाउस ब्वॉय के लहजे की नक़ल उतारनी चाही।

"जीपू, मेरे पास एक जीप थी, जिसे मैं बहुत तेज़ चलाया करता था, यारों ने यही नाम रख दिया।"

स्पीडोमीटर की तरफ़ देखकर मैं हँसते-हँसते अचानक ठहर गया—"तुम गाड़ी बहुत तेज़ चला रहे हो। अगर किसी कॉप ने देख लिया तो चालान कर देगा।"

"यह मुवा तो कालों की लोकेशन में चला आया है।" मेरी बीवी शायद डरने लगी थी।

"मैंने सोने की दस चूड़ियाँ पहनी हुई हैं और एक हार है, कहीं कोई गड़बड़ न करना चाहता हो।"

ख़ौफ़ तो मुझे भी महसूस होने लगा, लेकिन मैंने बड़ी लापरवाही का बहरूप बदल कर कहा, "क्यों भाई जीपू, तुम्हारा होटल अभी

कितनी दूर है?''

''बस अब क़रीब ही है।'' उसने कार एक गली की तरफ़ मोड़ ली, जहाँ चारों तरफ़ काले ही काले नज़र आ रहे थे।

''मैं कहती हूँ दाल में ज़रूर कुछ काला है, ज़रा होशियार रहें।''

मैं अपनी सीट पर अकड़ कर बैठ गया और चुस्त आवाज़ में जीपू को रोब में लेने के लिए कहा, ''अगर हम अपने काम से जल्दी फ़ारिग़ हो जायें तो बेहतर है, मुझे अभी अपने पिस्तौल का लाइसेंस लेने जाना है।'' पिस्तौल कहते हुए मेरा लहजा मज़हकाख़ेज़ हद तक ड्रामाई हो गया।

''हाँ, हाँ, बस अब थोड़ा ही फ़ासला बाकी है।''

कुछ देर में जब उसने गाड़ी का रुख एक और टेढ़ी-मेढ़ी गली की तरफ़ किया तो मैंने अपनी ढारस के लिए बीवी से कहा, ''घबराओ नहीं, आदमी बुरा नहीं मालूम होता है।''

''आप खुद तो हैं ही निरे भोलेराम, लेकिन अपने साथ मुझे भी बुद्धू बना दिया। अब देखिए ना कोई गड़बड़ हो गयी तो क्या होगा।''

''क्या होगा?'' लेकिन मैंने सोचा कि बहुत कुछ होता है।

''अब आपको कौन समझाये, बात शुरू करने से पहले ही आपको सब कुछ सोच लेना चाहिए था। कोई हज़ार अहमक़ हो मगर साढ़े चार हज़ार की चीज़ के साढ़े छह हज़ार नहीं देता।''

''फिर यह सब कुछ पहले क्यों नहीं सोचा?''

''पहले क्या सोचती? हर बात में चुपचाप आपके पीछे लग जाती हूँ।''

इतने में जीपू ने गाड़ी एक होटल के सामने रोक ली और 'अभी आया'' कहकर तेज़-तेज़ क़दम उठाते हुए अन्दर जा घुसा।

''देखिए आप ड्राइवर की सीट पर आ जायें, इंजन को चालू रखें और खूब चौकस रहें। अगर जीपू पाँच मिनट में न लौटा तो हम वापस चले जायेंगे।''

''अच्छा।'' मैंने अपनी बीवी की हिदायत को ग़ौर से सुनकर कहा।

हमारी पुरानी गाड़ी के बूढ़े इंजन की फटी हुई खाँसती-सी आवाज़ हमारे दिलों की तेज़-तेज़ धड़कनों का मज़ाक़ उड़ाती रही, और हम दोनों घड़ियों पर अपनी हवास-बाख़्ता निगाहें जमाये किसी आम जासूसी नावेल के किरदारों की तरह ''कुछ हो जाने'' का इन्तज़ार करते रहे। बैठा होने के बावजूद खड़े-खड़े से। लेकिन कुछ भी न हुआ।

पूरे सवा तीन मिनट के बाद जीपू एक थैली उठाकर मुस्कराता हुआ होटल के दरवाज़े पर नमूदार हुआ और बड़े इत्मिनान से चलकर मेरे साथ सीट पर आ बैठा।

''ठीक है बाबू, अब तुम ही चलाओ।'' उसने थैली के अन्दर नये-नये नोटों की गड्डियों को हिलाकर कहा—''अब गाड़ी का ट्रांसफ़र फार्म कहाँ से लेंगे।''

''मैं तो यूँ ही डर गयी थी, यह तो बड़ा अच्छा आदमी है।'' यानी निरा अहमक़ निकला।

मैंने मुस्कराकर जीपू से कहा, ''तुम फ़िक्र न करो, ट्रांसफ़र फ़ार्म बड़े बाज़ार में कहीं से ले लेंगे।''

जब मैं गाड़ी मोड़ने लगा तो मेरी बीवी को एक और बड़ा ख़तरा लाहक़ हुआ, ''आदमी तो बड़ा नेक मालूम होता है, लेकिन कौन जाने, ऐसा-वैसा ही हो और यह रक़म कहीं से चुरा लाया हो, ज़रा सोच लें।''

मैं सिटपिटा-सा गया, ''तो फिर अब क्या करूँ?''

''करना क्या है? मैं यह तो नहीं कहती कि अब सौदा तोड़ दें। मैं तो यह कह रही हूँ कि कोई ऐसा बन्दोबस्त करें कि गाड़ी बेचकर बाद में ख़्वाहमख़्वाह परेशान न होना पड़े।''

बात वाक़ई माक़ूल थी।

''आप यूँ करें कि इसे ओमी के पास ले जायें और उसी के सामने सब लिखत-पढ़त करें।'' ओमी मेरी बीवी का भाई था और बैरिस्टर भी।

''यह ठीक है।''

थोड़े फ़ासले पर एक ट्रक के पास खड़े किसी अफ़्रीकी ने जीपू को देखकर उसे ज़ोर से पुकारा।

मैंने गाड़ी रोक ली।

''ट्रक में पेट्रोल ख़त्म हो गया है।'' उसने जीपू से कहा।

''यह मेरा ट्रक है, पिछले साल बारह हज़ार में ख़रीदा था।''

''मचाकोस में तुम्हारी बहुत बड़ी बूचरी होगी।'' मेरी बीवी सोच रही थी कि अगर मेरा शौहर भी सिविल सर्वेंट होने के बजाय बूचर होता तो कितना दौलतमन्द होता।

''नौकरी में धरा ही क्या है जी।'' फिर उसने अपनी ज़बान में मुझे मुख़ातिब किया, ''हम भी अगर सरकारी नौकरी में सर खपाने के बजाय कोई अपना धन्धा शुरू करते तो आज हज़ारों-लाखों में खेलते।''

"हाँ भई ठीक कहती हो समन्दर पार आकर भी अगर झक ही मारनी थी तो इससे यही अच्छा था कि अपने ही देस में कहीं पड़े रहते।" मुझे सचमुच बड़ा अफ़सोस होने लगा।

"तुम्हें कई बार कहा है कि घर से पेट्रोल वग़ैरा देखकर चला करो।" जीपू ने अपने ट्रक ड्राइवर से कहा। "बाबू!" फिर वह मुझसे मुख़ातिब हुआ, "अगर तुम्हारे पास बीस-पचीस शिलिंग हों तो इसे दे दो। मेरे पास मोटे नोट हैं। तुम्हारे यह पैसे भी गाड़ी की क़ीमत के साथ अदा कर दूँगा।"

"मैंने जेब में हाथ डाला, बीस शिलिंग का एक ही नोट मौजूद था। "मेरे पास तो सिर्फ़ बीस ही हैं।"

"पाँच मेरे पास भी हैं।" मेरी बीवी ने कहा।

"सांटे" उसने पचीस शिलिंग लेकर ड्राइवर को दे दिये, "इनसे काम चल जायेगा।"

अफ़्रीकी लोकेशन से निकलकर जब मैंने ओमी के ऑफ़िस जाने के लिए कार को रिवर रोड की तरफ़ मोड़ा तो मेरे ज़ह्न में कई नन्हे-मुन्ने ख़यालात रॉक एन रोल कर रहे थे। "साढ़े चार हज़ार में कोई पुरानी गाड़ी ख़रीद लूँगा। बाक़ी रहे दो हज़ार—तीन सौ में मेरा सूट बन जायेगा, दो-चार सौ में बीवी-बच्चे टल जायेंगे और बाक़ी बैंक में जमा कर दूँगा।" बैंक बुक के हिन्दसे मेरे दिमाग़ में दाख़िल होकर रॉक एन रोल की तेज़ धुनों पर बेअख़्तियार नाचने लगे।

"पों—पीं—पीं—।" एक डबल डेकर बस से टकराने से मैं बाल-बाल बचा।

"ज़रा सँभल कर चलाइए," मेरी बीवी ने हिदायत की।

"बैठे बिठाये पूरे दो हज़ार का फ़ायदा हुआ है।" उसकी बात से बिल्कुल बेखबर मैं जैसे बोल-बोल कर सोचने लगा।

"ओछे हैं आप, निरे ओछे, लोग तो चुपचाप लाखों की कमाई हज़म कर जाते हैं और आपको सिर्फ दो हज़ार से ही पेट में दर्द होने लगा। देखिए, फिर आप सड़क के दायें तरफ़ आ रहे हैं, सँभल कर गाड़ी चलाइए।"

"जब हमें कोई दूसरी गाड़ी मिल जायेगी जीपू भय्या, तो हम तुम्हारी बूचरी देखने मचाकोस आयेंगे। तुम्हारा तो वहाँ बहुत बड़ा कारोबार होगा।"

"हाँ बाबू, मोंगो की बड़ी मेहरबानी है। ज़रूर आना, बीवी जी को भी लाना, हम तुम्हें शिकार खेलने ले जाएँगे।"

"ये लोग कितने मेहमाननवाज़ होते हैं।" मेरी बीवी ने मुझसे कहा—"ओमी के दफ़्तर से काम ख़त्म करके आप भी इसे अपने घर ले चलिए, बेचारा चाय-वाय ही पी जायेगा।" मुझे यूँ लगा जैसे मेरी बीवी ज़हनी तौर पर साढ़े छह हज़ार के सौ-सौ के नोट गिन रही हो, उसके चेहरे की खुरदुरी लकीरें मुलायम-मुलायम नज़र आने लगीं। उसने निहायत मुहब्बत से किचन अफ़्रीकी बोलते हुए जीपू से पूछा, "तुम्हारे कितने बच्चे हैं?"

"छह।"

"पढ़ते होंगे?" मैंने टाँग अड़ानी चाही लेकिन न मालूम कहाँ से कोई भूरी बिल्ली सड़क के बीचों-बीच भागी चली आयी।

"रो-रा-!" उसे बचाने के लिए इधर-उधर स्टेयरिंग घुमा-घुमा कर मेरा दम फूल गया।

"ज़रा संभल के चलाइए ना।"

"सँभल के क्या ख़ाक चलाऊँ।" मैंने अपनी बीवी को झल्ला कर जवाब दिया, और फिर सिटी कौंसिल को बुरा-भला कहने लगा—"देखो ना डोगो, हम मोटर वाले बीसियों लाइसेंस लेते हैं लेकिन हमें कितनी पुअर सर्विस मिलती है।"

जीपू ने असबात में सर हिलाया और अपना क़ीमती सिगरेट सुलगा कर एक मुझे भी पेश किया। इस बार मैंने अपनी ख़ास ब्रांड का बहाना करने के बजाय झट शुक्रिया कहकर सिगरेट कुबूल कर लिया।

"यह रोड देखो ज़रा, जगह-जगह गड्ढे हैं मगर इनकी ओर कोई ध्यान ही नहीं देता। सैकड़ों कुत्ते-बिल्लियाँ शहर में आवारा उछलते-फिरते हैं। इनकी रोकथाम करना कोई भी अपनी ज़िम्मेदारी नहीं समझता।"

"तुम ठीक कहते हो बाबू!"

मैंने कहा, "जी।"

मेरी बीवी सामने ज़ेवरात की एक दुकान का बहुत बड़ा बोर्ड पढ़कर कहने लगी—"कोई दूसरी गाड़ी लेकर भी डेढ़-दो हज़ार तो बच ही जाएँगे। मेरे लिए आठ-दस चूड़िया ही बनवा दें।"

"बाबू," जीपू ने अचानक कुछ याद आने के अन्दाज़ में कहा, "अगर तुम्हारे वक़्त का हर्ज न हो तो यहाँ सिर्फ एक मिनट के लिए रुक जाओ, मेरा चचेरा भाई इस गली में रहता है, यह गाड़ी देखकर बहुत खुश होगा।"

"हाँ, हाँ क्यों नहीं।"

जब जीपू अपने चचेरे भाई को लाने के लिए गली में दाखिल हो रहा था, तो उसकी पुश्त की तरफ़ देखते हुए मेरी बीवी ने कहा, ''बड़ा अमीर आदमी मालूम होता है।''

''और क्या तुम समझती हो कि सब काले बोई ही होते हैं?''

सुस्ताने के अन्दाज़ में अपने दोनों हाथों को पीछे करके मैं अपनी बीवी के कन्धों को पकड़ कर दबाने लगा, वह ज़रा क़रीब सरक आयी—''ऐ भरे बाज़ार में बैठे हैं, लज्जा नहीं आती?'' फिर वह और सरक आयी—''अगर अबके भी मुझे चूड़ियाँ लेकर न दीं तो कभी न बोलूँगी।''

''भई तुमसे चूड़ियाँ अच्छी हैं? इतना पैसा मुफ़्त हाथ आ रहा है, आज तुम्हारी चूड़ियों का नाप देकर ही घर जाऊँगा।''

''सच?'' लेकिन यकायक जैसे उसे किसी भड़ ने काट खाया हो, ''सुनिये! मैं कहती हूँ कहीं मुआ धोखा तो नहीं दे गया?''

''हाँय? हाँ!''

मैं गाड़ी से निकलकर थोड़ी दूर तक उस गली में आया, मगर वहाँ जीपू का कोई निशान न था। दो-चार मिनट इधर-उधर देखकर लौटते हुए मुझे यक़ीन हो गया कि वह जुल दे गया है।

''कमीना!''

''कमीना!''

मानो हमने जीपू को एक बार कमीना इसलिए कहा हो कि वह हमारे पचीस शिलिंग उड़ा ले गया, और एक बार इसलिए कि हमारी दो हज़ार की रक़म ख़्वाहमख़्वाह मारी गयी।

हर जगह

जहाज़ किसी पिटे हुए कुत्ते की तरह हाँफते-चीख़ते पानी की सतह पर दौड़ रहा था।

"कल सवेरे हम कराची पहुँच जाएँगे।" शेख़ अब्दुल्लाह पान की गिलौरी मुँह में रखते हुए सोच रहा था कि पीक चुपके से कहीं फेंक दूँ या उठकर डेक की नाली तक जाऊँ।

"और परसों बम्बई!" जैसे पंडित करमचन्द ने कहा हो—"शेख़ साहब युगांडा की बात और थी। वह हम दोनों का पराया देस था। अब आपकी कराची और हमारी बम्बई।"

"आज जहाज़ बहुत डोल रहा है।" सुन्दर लाल की सुन्दर दुल्हन ने दिल पर हाथ रख लिया।

"अरी दिल न डोले तो जहाज़ डोलने से कुछ नहीं होता।" फिर सुन्दर लाल पंडित करम चन्द की तरफ देखने लगा, जैसे उससे कहना चाहता हो—"इधर मैली नज़रों से न देखिये पंडित जी, यह मेरी दुल्हन है, पराया देस नहीं।"

"आप ठीक बोलते हो।" हीर जी वेल जी अपने 555 के डिब्बे से सिगरेट निकालकर सुलगाने लगा—"बात तो तभी बिगड़ती है जब दिल डोलने लगे। अगर हमारे दिल न डोलते तो हम घर-बार छोड़ कर अफ्रीका से इस तराँ काहे को भागते? यह लो भैया सुन्दर लाल सिगरेट पियो।"

"थैंक यू, यार!" सुन्दर लाल ने सिगरेट लेते हुए कहा—"जहाज़ में यह बात बड़े मज़े की है कि रुपये की चीज़ आठ आने में मिल जाती है। सिगरेट के कितने डिब्बे लिए हैं?"

"एक मानस पूरे दो सौ सिगरेट लेकर उतर सकता है। मैंने अपनी औरत के नाम भी दो सौ सिगरेट रख लिए हैं।"

"इसमें हरज ही क्या है हीर जी? कोई पूछे तो कह देना वह भी पीती है।"

जवाब में हीर जी ने क़हक़हा लगाया, गोया, ज़हनी तौर पर अपनी

धरम-करम की नारी को सिगरेट पीते देख रहा हो।

"ऊँह–।" उस धरम-करम की नारी ने धोती ठीक करते हुए सर झटक दिया।

"यह जहाज़ बड़ा ओवर लोडेड है।"

"कल रात मुझे यूँ लगा," पंडित करमचन्द कहने लगा, "जैसे हमारा जहाज़ सागर की तह की तरफ़ लुढ़क रहा हो। फिर मैं गोते खाता हुआ हड़बड़ा कर उठ बैठा।"

"अरे पंडित बाबा", हीर जी बोला, "तुम काहे को फिकर करता है? अब साला काला लोग बहुत पीछे रह गया है।"

"हाँ पंडित जी, अब डर की कोई बात नहीं। गंगा के किनारे बैठ कर मज़े से राम नाम जपिये।"

"तुमने ठीक कहा है, सुन्दर लाल। अफ्रीका की कमाई तो किसी भले स्थान पर ही हज़म होगी। भारत के बड़े-बड़े सेठ मूरख तो नहीं कि सारे देस को मन्दिरों से लाद दिया है।"

"देखो जहाज़ फिर डोलने लगा है।"

"इस बार जहाज़ पूरे दो हज़ार मुसाफ़िर लाया है।" पंडित करमचन्द अपने केबिन क्लास के डेक पर नज़रें फैलाकर गोया मुसाफ़िरों की गिनती करने लगा–"तीन-चार सौ तो हम केबिन क्लास पैसिंजर ही होंगे।"

"हाँ वेलफ़ेयर आफ़िसर ने कहा था कि थर्ड क्लास पैसिंजर जानवरों की तरह निचले डेक पर लदे हुए हैं।"

"तकलीफ़ के दो रोज़ ही तो बाक़ी हैं।" सुन्दर लाल की दुल्हन के सामने अपने फ़र्स्ट क्लास केबिन के डनलप बेड पर आ लेटा–"मिल-जुल कर गुज़ार देंगे।" वह अपने पति सुन्दर लाल की आँखों में आँखें डालकर मुस्कराने लगी।

"शिपिंग कम्पनी वाले बेचारे क्या करें। जब से आज़ादी का क़िस्सा शुरू हुआ है, सब लोग अपने-अपने सामान समेट कर भाग रहे हैं।"

"हाँ, ज़्यादा वज़न तो सामान ही का है, पूरे चौदह घंटे। सिर्फ़ लोडिंग ही में लग गये।" शेख़ अब्दुलाह तेज़-तेज़ पान चबाता हुआ दिल ही दिल में अपने सामान के नग गिनने लगा।

"मंबासा पोर्ट पर काले कुलियों ने मेरी सिलाई की मशीन धड़ाम से हाल में दे मारी।"

"अभी पिछले नवम्बर में ही यह मशीन मेरे बाप ने दाज में दी

थी।'' सुन्दर लाल की बीवी हीर जी की बीवी से कहने लगी।

''और क्या-क्या दिया था?'' हीर जी की बीवी ने अपनी कुर्सी उसके पास सरका ली।

''हरामी हब्शी जान-बूझकर हमारा सामान तोड़-फोड़ रहे थे। मैंने तो पोर्ट के एक अंग्रेज़ अफ़सर से शिकायत भी की थी, मगर हमारी कौन सुनता है?''

''अंग्रेज़ी जहाज़ों में किस एहतियात से लोडिंग की जाती है।''

''नहीं यार, साला सामान था ही बहुत ज़्यादा। अगर इस माफिक तेज़-तेज़ लोडिंग न होता तो साला जहाज़ दो रोज़ और लेट हो जाता।''

''आखिर ये लोग इतना सामान लाये ही क्यों हैं?''

''सभी लाये हैं बाबा, तुम भी और मैं भी। साला अपना घर छोड़ना बड़ा मुश्किल होता है।''

''ये बहुत मना करते रहे।'' सुन्दर लाल की बीवी ने हीर जी की बीवी को बताया—''पर मैंने घर की सुई-सेलाई तक पेटी में रख ली।''

''मैं भी बहुत कुछ उठा लायी हूँ।'' हीर जी की बीवी ने निहायत खुशी से कहा जैसे किसी लूट के माल का ज़िक्र किया हो—''सिर्फ़ इनका एक सूट रह गया, वह भी इन्होंने लांड्री में दे रखा था।''

''मैंने सोचा,'' हीर जी वज़ाहत करने लगा—''सूट तो रोज़ बनते रहेंगे। बड़ी मुश्किल से जहाज़ के टिकट मिले हैं, साले मौके का फ़ायदा उठाओ।''

''अपने राज में तो ये गिन-गिन कर बदले लेंगे।''

''जो लोग वहाँ रुके हुए हैं, तंग आ जाएँगे आख़िर में।''

''हम भी तो तंग आकर ही निकले हैं।''

''वह अपनी स्ट्रीट का रतन सिंह था ना शेख़ साहब?''

''हाँ?''

''वह हर रोज़ काम से लेट लौटता था। कई लोगों ने समझाया, मगर जवानी भला किसका कहा सुनती है? बस जी एक दिन रात के अँधेरे में कालों ने दुकान में ही आ लिया। मार-मार के बेहोश कर दिया और सारी दुकान लपेट कर चलते बने।''

''यह तो मामूली वाक़या है पंडित जी, हमारे क़स्बे के बड़े बाज़ार में काले दिन-दहाड़े ट्रक लिए आन पहुँचे, और मार-धाड़ शुरू कर दी जी।'' एक पारसी ने कहा।

''पुलिस कहाँ बैठी रही?''

''बस जी, पुलिस के आने से पहले ही ये लोग सारा बाज़ार समेट

कर ये जा वो जा। मेरा आँखों देखा क़िस्सा है जी।''

''इन डाकुओं को छोड़ो, मैं तुम्हें अपने अफ्रीकी नौकर की बात सुनाता हूँ, देखने में इतना शरीफ़, इतना मिसकीन मगर– ।''

''इन लोगों में दरअस्ल कोई शरीफ़ होता ही नहीं है।''

''बात तो सुनो, यह आदमी पन्द्रह साल से मेरा नमक खाता रहा। अब हमारे देश में नौकर मालिक के लिए जान ख़तरे में डाल लेता है। हिन्दोस्तान में मेरे दादा का एक नौकर था–''

''आप अपने अफ्रीकी नौकर की बात सुनायें जी।'' पारसी ने जहाज़ की कैंटीन का लैमिनेड चखते हुए मुँह बना कर उसे नीचे रख दिया, ''बड़ा बासी सोडा है।''

''बात क्या होनी है, पन्द्रह साल मेरा नमक खाता रहा और खाँड चोरी करता रहा। वह तो इत्तेफ़ाक़ से मुझे पता चल गया, वरना यह भला मानुस तो मुझे सारी ज़िन्दगी लूटता रहता। मेरा मार्केट में खाँड का थोक व्यापार है। यह हरामी कई साल मेरी खाँड चुरा-चुरा कर अपने घर में अलग धन्धा चलाता रहा।''

''साला सारा काम चोर है। मेरा सुसरा इधर बड़ा मालदार आदमी था। जब मैं सादी बनाने के पहले-पहल अफ्रीका आया तो वह कहने लगा–देखो बेटा, अफ्रीका की दो चीज़ों से बचकर रहना, लम्बर एक इधर के काला कोबरा, लम्बर दो इधर का काला मानुस–दोनों बड़े जहरीले होते हैं।''

''मुश्किल यह है हीर जी कि इनके बग़ैर हमारा गुज़ारा नहीं।''

''अरे तू गुजारे की बात क्या करता है सुन्दर लाल, तू यही कहना चाहता है ना कि घर के काम-काज के लिए काला बोई चाहिए। भारत में सारा स्त्री जाति किचन का काम खुद करता है। फिर हमारा औरत साला अफ्रीका पहुँचकर मेम साब काहे को बनता है? दे जवाब।''

''जवाब क्या दूँ? अब तो अफ्रीका छोड़ कर अपने देश ही लौट रहा हूँ। सारा काम ख़ुद अपने हाथों से ही करना होगा।''

''हाथों से मेहनत कर लेना अच्छा, सीना हर दम ख़ौफ से भरा-भरा तो न होगा।''

''हाँ बरादर, यह भी क्या ज़िन्दगी हुई। दरवाज़ों पर लाख ताले डाल दो, फिर भी यही महसूस होता है कि अभी कोई काला डाकू कहीं से फुदक कर–''

शेख अब्दुल्लाह बातें करते-करते रुक गया। कुछ फ़ासले पर जहाज़ का एक अफ्रीका नौकर काँधे पर रस्से का रोल लटकाये

झूम-झूम कर उनकी तरफ़ आ रहा था, ''अरे ये काला यहाँ भी आ टपका।''

सबने अपने चेहरे अफ्रीकी की तरफ़ लटका लिये।

''काइरो का आदमी मालूम होता है।''

''पर यह कम्पनी तो हिन्दोस्तानी है, फिर यहाँ काले का क्या काम?''

''यह भी जहाज़ में कई बन्दरगाहें घूम आया होगा।''

''काले अब पहले जैसे काले नहीं रहे, मेरे पास एक अफ्रीकी कुक था, जो पाँच साल एक अंग्रेज़ फ़ौजी के यहाँ लन्दन में मुक़ीम रहा।''

''आजकल काले आदमी सारी दुनिया में फैले हुए हैं।'' बोलने वाला डेढ़-दो गज़ पर आरामकुर्सी में लेटा हुआ था।

अफ्रीकी मल्लाह उनके और पास आया तो बड़े शादमाँ लहजे में उन सब को ''जाम्बो'' कहा।

''हमें सलाम करके दरअस्ल हमारा मज़ाक़ उड़ा रहा है।'' आगे बढ़ गया तो शेख अब्दुल्लाह बोला।

''सारे जहाज़ में यही एक अफ्रीकी है, मगर चाल में अकड़ देखो।''

''इधर हमारे किसी भाई को अगर पन्द्रह अफ्रीकियों में तन्हा सफ़र करना पड़ जाये तो डर के मारे बेचारे का दम सूख जाये।''

''गरीब आदमी का दम तो सिर्फ़ भूख से ही सूखता है।'' आरामकुर्सी पर लेटे हुए आदमी ने फिर टाँग अड़ाई।

एक साधूनुमा मोटा-सा मुसाफ़िर वहीं नज़दीक ही डेक पर चलता-चलता गोया धक्का खाकर रुक गया, ''यह गलत है बेटा, पुरुष का दम वास्तव में उस समय सूखता है जब उसे ईश्वर नाम का अमृत प्राप्त नहीं होता।''

''आ हा—हा—हा!'' पंडित करमचन्द सर पर अपनी पगड़ी ठीक करके उस साधू को तारीफ़ नज़रों से देखने लगा—''बड़े महान विचार हैं आपके, महाराज। आइये, बिराजिये।''

साधू महाराज उसके पास एक आरामकुर्सी पर चित हो गये। ''आप श्री गनपत राय गनेस दास जी हैं।'' हीर जी ने साधू महाराज की तरफ इशारा करके कहा—''भारत से अफ्रीका के धार्मिक दौरे पर आये थे।''

''बड़ा सुन्दर कीर्तन करते हैं महाराज!'' हीर जी की बीवी ने सुन्दर लाल की बीवी को बताया, ''हमारे शहर में आये थे।''

''जहाज़ में इतने दिन कहाँ छिपे बैठे थे महाराज।'' पंडित करमचन्द ने श्री गनपत राय गनेस दास जी से कहा, ''ज़रा पहले मिल जाते तो सारा सफ़र भी कीर्तन में कट जाता।''

''महाराज कोई गीत सुनाइये।'' जब से सुन्दरलाल की शादी हुई थी, उसे गाना-बजाना बहुत अच्छा लगता था।

''हाँ महाराज, कीर्तन हो जाये।'' पंडित करमचन्द ने भी दरख़्वास्त की।

''अच्छा बेटा।'' श्री गनपत सीधे ज़हाज़ की बार से ही आ रहे थे, इसलिए उनके चेहरे पर महात्माओं का सा जलाल नुमाँया था—जाओ पन्द्रह नम्बर के केबिन से ढोलक उठा लाओ।''

''कुछ बियर भी ले आऊँ, महाराज?'' हीर जी ने बज़ाहिर डरते-डरते पूछा।

''हाँ बेटा सोमरस चखकर प्रभु भक्त की ख़ाली-ख़ाली आवाज़ श्रद्धा और प्रेम से भर जाती है।''

कीर्तन शुरू होने के थोड़ी देर बाद ही वहाँ भक्तों की भीड़ जमा हो गयी।

राधेश्याम!

जय भगवान!

जय भगवान!

राधेश्याम!

ढोलक गूँज रही थी, तालियाँ बज रही थीं, मुँह बोल रहे थे।

राधेश्याम!

जय भगवान!

वह अफ़्रीकी मल्लाह काम से लौटकर कीर्तन करने वालों के एक तरफ़ मबहूत-सा उनके चेहरे तकता रहा, सब भक्तों के साथ-साथ उसके होंठ भी हिलने लगे, जैसे वह भी गा-गा कर कहना चाहता हो—

राधेश्याम!

जय भगवान!

मगर वह गा न पाया, वह तो सिर्फ़ काम के राग से ही मानूस था। उसने अपनी सारी उम्र में एक गीत भी न गाया था, न भगवान का, न राधे का। उसके होंठ तो काम की शिद्दत के बाद सिर्फ़ भूख और प्यास से ही फड़कते थे। फिर भी इस वक़्त उसके होंठ भी ताल के मुताबिक़ हिलते रहे।

राधेश्याम!

जय भगवान!

भगवान के नाम ने गोया अफ़्रीकी के चेहरे की वहशियाना सख़्ती पर नर्म पाउडर चिपका दिया हो। वह बड़ा शरीफ़ और भला मानस नज़र आने लगा।

"अरे यह काला यहाँ क्या कर रहा है?"

ठंडे-मीठे रस में कड़वाहट घुल गयी। "अरे यह काला—"

इतनी निगाहों को अपनी तरफ़ घूरते पाकर अफ़्रीकी बेचैन-सा नज़र आने लगा। सुर, बेसुर होने लगे। अफ़्रीकी को ख़याल आया कि उसके खाने का वक़्त गुजर रहा है अगर वह यहीं खड़ा रहा तो मेस बन्द हो जायेगा? वह तेज़ी से पलटते हुए किसी औरत से टकरा गया।

"हाय!" औरत को लगा जैसे अफ़्रीक़ा में कोई काला उसके कंगन उतारने के लिए उसकी तरफ झपटा हो।

"जहाज़ का आदमी है, मुओं ने यहाँ भी पीछा नहीं छोड़ा।" एक और औरत अफ़्रीकी को देखकर बोली।

"लीजिए महाराज!" हीर जी ने भी गनपत जी से कहा; बियर से होठ ज़रा गीले कर लीजिए। गा-गाकर आपका दम सूख गया होगा।"

"हाँ बाबा, मेरा तो भूख से भी दम सूख रहा है, जाओ कहीं से भोजन ले आओ।"

राधेश्याम!

जय भगवान।

सारी रात कीर्तन होता रहा, मगर जब पौ फटने को आयी तो सब मुसाफ़िर कराची की बातें कर रहे थे।

शेख़ अब्दुल्लाह गजरदम तैयार होकर पंडित करमचन्द के केबिन का दरवाज़ा खटखटाने लगा। "अरे ओ पंडित जी, आइये डेक पर चलें, कराची की बन्दरगाह नज़र आ रही है।"

"अच्छा, तो आपकी कराची आ ही गयी आख़िर।" पंडित करमचन्द ने दरवाजा खोल कर कहा।

"आपकी बम्बई भी आ जायेगी, घबराते क्यों हो?" शेख़ अब्दुल्लाह की आवाज़ ख़ुशी से काँप रही थी।

"पंडित जी।" डेक से कराची की बत्तियाँ देखकर शेख़ अब्दुल्लाह के दिमाग़ में माज़ी की बत्तियाँ टिमटिमाने लगीं—"आज से तीस बरस पहले जब मैं पहली बार यहाँ से अफ़्रीका के लिए रवाना हुआ, तो दिल डूब रहा था, मानो अपनों को किनारे पर रोता छोड़कर मैंने समन्दर में छलाँग लगा दी हो। फिर मैं दो-तीन बार वतन आया तो हमेशा कलेजे

पर पत्थर रखकर अफ्रीका लौटा।''

''बड़ी अजीब बात है शेख साहब, काले पानी को हम फाँसी समझते हैं मगर रोज़ी के लिए जान-बूझ कर बनवास ले बैठते हैं।''

''मैं पूरे तीस बरस अफ्रीका में रहा पंडित जी, लेकिन एक दिन भी यूँ न लगा कि मुल्क मेरा है।''

''लगे कैसे शेख़ जी, जहाँ हरदम चोरी-डाके का खटका लगा रहे, वहाँ आदमी ख़ुश कैसे रह सकता है।''

''हमारे कई हिन्दोस्तानी और पाकिस्तानी भाई अफ्रीकियों से भी ज़्यादा ग़रीब हैं मगर कितने शरीफ़ होते हैं।''

''शराफ़त तो बाप-दादा से विरसे में मिलती है। जिन पशुओं को अपने खानदान का ही इल्म न हो, तो वह शरीफ़ ख़ाक होंगे?''

''यह आपने सोलह आने ठीक कहा है।'' एक अधेड़ उम्र आदमी बोल उठा—''मैंने सारी उम्र पुलिस की नौकरी में गुज़ारी है। इन लोगों से मेरा हरदम वास्ता रहता था। सब लफ़ंगे हैं। बहुत-सों को तो अपने बाप का नाम भी मालूम नहीं होता।''

''शुक्र है कि इन लोगों से जान छूटी। अब मज़े से अपने भाइयों के साथ ज़िन्दगी बसर करेंगे।''

''हमारे लोग निरा सोना हैं पंडित जी।''

''जी हाँ, हमारा अपना धरम है, ईमान है। भगवान से डरने वाला आदमी बेचारा क्या जुर्म करेगा।''

''वो देखिए, वहाँ हमारा कस्टम ऑफ़िस है, वो– ।''

''आपके पास कोई ऐसी-वैसी चीज़ तो नहीं?''

''चीज़ें तो सभी हैं पंडित जी, आख़िर यहाँ घर बनाने के लिए आये हैं।''

''बस चुपके से मामला तय कर ले। मैं तो हमेशा बम्बई कस्टम पर यही करता हूँ। बीस-पच्चीस कड़वे हो गये तो क्या, आराम से कस्टम हाउस के बाहर तो आ जाते हैं।''

''शुक्र कीजिए साहब।'' रिटायर्ड पुलिस अफ़सर अब पास ही किसी और ग्रुप में खड़ा हुआ था, ''कि आप अपना सामान लाने में कामयाब हो गये। मैंने सारी उम्र वहाँ पुलिस में गुज़ारी है और—''

''अठारह, उन्नीस, बीस।'' शेख अब्दुल्लाह ने दिल ही दिल में अपने सामान के नग गिनने के बाद पंडित करमचन्द से कहा—''पंडित जी इतना सामान लेकर घर से निकला था, तो सोचता था कि काले इसे जहाज़ पर पहुँचने से पहले ही उड़ा ले जाएँगे। एक-एक चीज़ जान

से लगा कर लाया हूँ।''

''शुक्र है बंसुरी वाले का शेख़ साहब, अब किसी बात का डर नहीं।''

''हाँ जी, अब किस बात का डर, अपने घर तो आ ही पहुँचे हैं।'' थोड़ी देर में सब लोग तैयार होकर इधर-उधर घूमते-फिरते नज़र आने लगे। कई जहाज़ के किनारों पर खड़े दूर बन्दरगाह पर जमा हुजूम पर निगाहें जमाये हुए थे। कराची उतरने वाले मुसाफ़िर बेचैन थे कि जल्दी-जल्दी डाक्टरी और इमीग्रेशन से फ़ारिग़ हो जाएँ। आख़िर दो पायलट आये और जहाज़ को बन्दरगाह की तरफ़ खींच लाये। निकलते सूरज ने गोया मुसाफ़िरों से कहना चाहा—''अरे मैं वही हूँ, जो अफ्रीका में था। मैं सारी दुनिया में वह ही होता हूँ।'' मगर किसी ने उसकी आवाज़ पर कान न धरा।

यह सुबह, यह कराची मादरे-वतन, अपने लोग—।

''वह देखो, तुम्हारे मामूँ।'' जहाज़ में खड़ी माँ ने अपने बच्चे को उठाकर नीचे धरती पर अपने भाई की तरफ़ इशारा किया।

''वह मेरा भाई, भाई जान!''

''मेरा यार! ओए बदरे!!''

ऊपर जहाज़ पर और नीचे बन्दरगाह पर एक शोर-सा बरपा हो गया। जहाज़ का वह अफ्रीकी मल्लाह भी अब कहीं नज़र न आता था। न जाने वह कहाँ जा छिपा था।

''अब्बी।'' शेख़ अब्दुल्लाह का मासूम लड़का अपने बाप की टाँगों से लिपटकर ज़िद कर रहा था—''मैं अपने घर जाऊँगा।''

''अरे भई, अपने घर ही तो आये हैं।''

''नाहीं अब्बी, मैं मीटू के घर जाऊँगा।''

''मीटू हमारा अफ्रीकी नौकर था।'' शेख़ अब्दुल्लाह ने पंडित करमचन्द से कहा।

''नाहीं अब्बी, मुझे मीटू के पास ले चलो।'' शेख़ का बेटा रोने लगा।

''बच्चा है। ज़रा पुचकार कर चुप करा दीजिए।''

''पंडित जी,'' शेख़ अब्दुल्लाह ने अपनी ऐनक में ज़ोर लगा-लगाकर देखते हुए कहा, ''मालूम होता है मेरा भाई मुझे लेने नहीं आया। इन लोगों में कोई जान-पहचान वाला नज़र नहीं आता।''

''मेरे लिए तो सब बेगाने हैं, शेख़ साहब, अपनी बम्बई की बन्दरगाह पर शायद कोई पहचान वाला मिल जाये।''

''देखिए ना, आदमियों का ढेर लगा हुआ है, पर अपना भाई कहीं नज़र नहीं आता।''

''भाई न सही, भाई की तरह तो हैं।'' पंडित करमचन्द शायद अपने भाई के बारे में सोच रहा था, जिसने पिछले कई बरस से उसे एक ख़त भी नहीं लिखा था।

''और सच पूछें शेख़ साहब, तो आजकल भाइयों से पराये अच्छे होते हैं।''

जहाज़ को दूसरे दिन बम्बई रवाना होना था। पंडित करमचन्द परसर की इजाज़त लेकर शेख़ अब्दुल्लाह के साथ ही नीचे उतर आया कि चन्द घंटे कराची की सैर करके लौट आयेगा।

''चलिए शेख़ साहब आपकी कराची देख आते हैं।''

''आइये, आप भी क्या याद करेंगे पंडित जी, यह दुल्हन तो देखने से भी मैली हो जाती है।''

''आप हमारी बम्बई देखें तो जी हो जा जाये शेख साहब।''

''उस बूढ़ी को छोड़िये ना पंडित जी। बेचारी में निरे नख़रे के सिवा अब रखा ही क्या है?''

''मेरे दिल को अर्से के बाद सुकून का एहसास हुआ है।'' शेख़ अब्दुल्लाह ने कस्टम हाउस से निकल कर, इधर-उधर नज़र दौड़ाते हुए कहा।

''देखिए यहाँ कितना चैन है, एक अफ़्रीकी भी नज़र नहीं आता। यहाँ लूट-खसोट का सवाल ही पैदा नहीं होता।''

फिर अब्दुल्लाह अपने नग गिनने लगा। पहले अपने सामान के, फिर फेमिली के।

''बेगम!'' वह बीवी से बोला, ''तुम बच्चों को सँभालो और मैं सामान को देखता हूँ।''

''आप इत्मिनान रखें शेख़ साहब,'' पंडित करमचन्द उसे समझाने लगा—''यहाँ कोई ख़तरा नहीं।''

मगर तीन घंटे बाद जब पंडित करमचन्द जहाज़ में लौटा तो बड़ा सिटपिटाया सा नज़र आ रहा था।

''हद हो गयी।'' उसने अपने साथियों से कहा—''शेख़ साहब सिर्फ़ दो मिनट के लिए होटल के अन्दर गये, बस इतनी देर में ही ताँगे वाला उनके ज़ेवरात का ट्रंक लेकर भाग गया।''

''अच्छा?''

''अजीब क़िस्सा है।'' हीर जी का काला साया गोया किसी

अफ्रीकी की तरह उसकी ताक में हो–"साले यहाँ भी अफ्रीकी काले चोर–।"

"हाँ भई हीर जी, यहाँ भी भूखों-नंगों ने बड़ी भगड़ मचा रखी है।"

इसी दौरान जहाज़ का अफ्रीकी नौकर कहीं से डेक पर आ नमूदार हुआ।

"हम बेकार भाग आये," एक मुसाफ़िर कहने लगा, "काला आदमी तो हर जगह मौजूद है।"

एक ही रूप

''जेमू!'' अन्धा कांगा टाइपराइटर छोड़कर जेमू के क़रीब सरक आया।

''हाँ!''

''मैं सोचता हूँ, तुम्हारी सूरत कैसी होगी। तुम भी मेरे बारे में यही सोचती होगी?''

''तुम तो सचमुच अन्धे हो कांगा।'' अन्धी जेमू ने भी स्वेटर बुनना छोड़ दिया, और टटोल-टटोल कर कांगा का हाथ अपने हाथ में ले लिया।

''वह तो है ही मेरी नानी।''

''यह तो मैं भी जानती हूँ मूरख, मगर तुम्हारी बातों से मुझे शक होने लगता है कि तुम मन की आँखें भी खो चुके हो।''

''मन की आँखों से फ़ायदा ही क्या है? मेरा जी चाहता है कि तुम्हारी सूरत देखूँ। जन्म का अन्धा हूँ, फिर भी हरदम दिल ही दिल में शक्लें बनाता रहता हूँ।''

कांगा अपना दूसरा हाथ जेमू की नाक पर फेरने लगा। ''कल मैंने एक चेहरा बनाया जेमू, तुम्हारा चेहरा।''

''तुमने तो कभी इनसानी चेहरा देखा भी नहीं, फिर मेरा चेहरा कैसे बना लिया?'' जेमू ने अपना सर कांगा के कन्धे पर टेक लिया।

''तुम्हें अपनी उँगलियों से टटोल-टटोल कर। मैंने वह चेहरा ममी फ़िशर को भी दिखाया था।''

''फिर वह क्या कहने लगीं?''

''उन्होंने हँस कर कहा था कि यह चेहरा तुम्हारी जेमू से हू-ब-हू मिलता है।''

''कागा।''

''हाँ।''

''मुझे तुम्हारा चेहरा देखने की ख़्वाहिश कभी नहीं हुई।''

''फिर भी आदमी सोचता ज़रूर है।''

''नहीं मैं तो नहीं सोचती। मुझे ममी से बेहद प्यार है, मगर अपने

मन में कभी उनकी तस्वीर नहीं टाँगी।''

''कैसी बातें करती हो?''

''तुम नहीं समझते पगले। प्यार शक्लों का मोहताज नहीं होता, क्योंकि प्यार की हर शक्ल प्यारी होती है।''

''वंडरफुल जेमू!'' जाने ममी फ़िशर कहाँ से आ नमूदार हुई—''तुम्हारी बातें तुम्हारी शक्ल से भी ज़्यादा प्यारी हैं।''

कांगा जल्दी से टाइपराइटर के पास आ बैठा, जेमू भी शर्म से सुर्ख़ होकर तेज़-तेज़ स्वेटर बुनने लगी।

''मुझे अन्दर नहीं आना चाहिए था बच्चो, मगर कई बार माँ को बेअख़्तियार प्यार आता है, तो चूम-चूम कर अपने सोये हुए बच्चे की नींद ख़राब कर देती है।''

''नहीं ममी, बच्चा आँखें खोलता है, तो किसी परी के बजाय माँ को देखकर और ज़्यादा खुश होता है।''

''तुम वाकई बहुत प्यारी बातें करती हो मेरी बच्ची।'' ममी ने निहायत शफ़क़त से जेमू की पेशानी चूम ली।

''जेमू तो सिर्फ़ बातें ही करना जानती है ममी।'' कांगा अब खटाखट टाइप करने लगा था—''काम तो सारा दिन मैं ही करता रहता हूँ।''

ममी फ़िशर कांगा की पुश्त पर खड़ी होकर उसके बालों में उँगलियाँ फेरने लगी—''क्या टाइप कर रहे हो बेटे?''

''आप ख़ुद ही पढ़ लेना ममी, मैं तो अन्धा हूँ।''

''नहीं बेटे, तुम अन्धे नहीं हो, तुम्हारी आँखें मैं हूँ। मेरी आँखें तुम सबकी आँखें हैं।''

''मैं अभी-अभी एक कहानी टाइप कर रहा था ममी, ज़रा पढ़िए इसे।'' कांगा ने ममी को एक टाइप शुदा काग़ज़ देते हुए कहा।

ममी फ़िशर टाइप शुदा इबारत पढ़ने लगीं।

''हम सब अन्धे हैं, मगर पिछले जन्म में हम अन्धे न थे। एक बार हमने दो ख़ूबसूरत आँखें देखकर ख़ुदा से दुआ माँगी कि अगली बार हमारी आँखें भी ऐसी ही हों। ख़ुदा ने हमारी दुआ क़ुबूल कर ली, मगर दो आँखें वह हम बीसियों दुआ करने वालों को कैसे दे सकता था? बहुत सोच-विचार के बावजूद उसकी समझ में कुछ न आया। आख़िर फ़रिश्तों को एक तरकीब सूझी। ख़ुदा ने उस तरकीब के मुताबिक़ हमें अन्धा बना दिया और ममी फ़िशर की दो ख़ूबसूरत आँखें हमारे हवाले कर दीं।

"ख़ुदा हमारी इन दो आँखों को हमेशा सलामत रखे।"

कहानी पढ़कर ममी फ़िशर की आँखों की ख़ूबसूरत नीलाहट गीली हो गयी, जैसे नीला आसमान अब्रे-रहमत से नम हो जाये। उसने दिल-ही-दिल में दुआ माँगी—"यह आँखें इन अन्धे बच्चों की अमानत बनी रहें ख़ुदाया।"

"चुप क्यों हो गयीं ममी?"

"तुम्हारी कहानी बड़ी अच्छी है बेटे। तुम अपने देश के बहुत बड़े कहानीकार बनोगे।"

"सच ममी?"

"हाँ बेटे, ख़ुदा कभी किसी से बेइंसाफ़ी नहीं करता। कुछ लेता है तो चौगुना करके लौटाता है।"

"मगर जेमू तो मुझे बावला ही समझती है।"

"बावले ही तो हो।" ममी फ़िशर ने उसकी नाक पकड़कर कहा, "क्यों जेमू, तुम्हें मेरे बेटे का बावलापन अच्छा लगता है ना।"

"आप बड़ी शरीर हैं ममी।" जेमू एक सलाई किसी कुँवारी की तरह सुर्ख़ मुँह में छिपा कर बेअख़्तियार हँसने लगी।

"पैराडाइज फ्लोरेस्ट ने टोकरियों का ढेर सारा आर्डर भेज रखा है, देखूँ जाकर।"

जब ममी फ़िशर चली गयीं तो कांगा कहने लगा, "ममी बड़ी अच्छी है।"

"हाँ, ममी बड़ी अच्छी है।"

ममी फ़िशर बास्केट रूम में दाख़िल हुई तो उसकी चाय गोया गुनगुनाई—"मम-ममी!"

"क्यों एल्फ़ी पैराडाइज़ का काम ख़त्म हुआ?"

"आज ख़त्म करके ही उठेंगे ममी।"

"बस एक घंटा और ममी।" लेम्बा की उँगलियाँ काम पर बहुत तेज़ दौड़ रही थीं।

बूढ़े का जवाँ साल अज़्म देखकर ममी फ़िशर को ख़याल आया कि अगर ज़िन्दा रहने की ख़्वाहिश जवान रहे, तो आदमी कभी बूढ़ा न हो। उम्र दरअस्ल उम्र नहीं होती, एक ज़हनी हालत होती है।

"अब तुम्हारा ज़ुकाम ठीक है ना बेटा?" लेम्बा ममी से बीस-पचीस साल बड़ा होगा, मगर उससे बातचीत करते हुए ममी को यही मालूम होता जैसे वह उसका सबसे छोटा बच्चा हो। इनसानी तअल्लुक़ात को ख़ुशगवार बनाने का यह भी एक तरीक़ा है कि हमारे रिश्तों की असास

उम्रों और ख़ानदानी शजरों के बजाय उन जज़्बात पर ही हो जो हम एक-दूसरे के लिए महसूस करते हैं।

''बिल्कुल ठीक हूँ ममी।'' जैसे बूढ़े ने कहा हो, ''ममी तुम्हारी ममता भरी गोद में न बुढ़ापा है, न अन्धापन, कोई बीमारी नहीं, सुख के सिवा और कुछ नहीं।''

ममी फ़िशर के ब्लाइंड हाउस के ये सब अन्धे बड़े शौक से अपने-अपने काम में मगन थे, गोया टोकरियों के तराशे बुनने के बजाय वह अपनी बेज़रर ख़्वाहिशात को आरास्ता कर रहे हों। उनकी खुशियों भरी कोशिशों और काम ने ममी फ़िशर की रूह को छू लिया और वह मुस्कराते हुए सोचने लगी कि मेरी इस अन्धी औलाद के हाथ अन्धे नहीं, इनके हाथ देखते भी हैं और काम भी करते हैं। इनके काम में एक जादू है, जिससे इन सब की बेचारगी ख़ुद-ब-ख़ुद मौत की गोद में जा लेटी है। इनका सीधा-सादा फह्म इनसानी ज़रूरियात देख नहीं पाता, मगर इन्हें महसूस करके गैरमामूली जहानत से सरशार हो जाता है। अगर इनकी हौसलाअफ़ज़ाई की जाए तो हुस्नो-तामीर की अफ़ज़ाइश के लिए ये लोग भी पेश-पेश हो सकते हैं।

नौ-उम्र जॉकी एक बहुत ख़ूबसूरत टोकरी बुनती हुई कुछ गुनगुना रही थी, ममी ने अपनी निगाह उसकी पतली-पतली तेज़ चलती हुई उँगलियों पर जमा लीं।

''ममी।'' जाने जॉकी को कैसे पता चल गया कि ममी फ़िशर उसकी जानिब देख रही है—''मेरी टोकरी कैसी लग रही है?''

''बहुत ख़ूबसूरत है चाइल्ड।''

''ममी, जब कोई अलबेली इसमें फूल रखकर ले जायेगी, तो मेरी मेहनत फूलों से सज-धज कर और भी ख़ूबसूरत लगेगी।''

ममी फ़िशर वहाँ से उठकर बाहर आयी तो कारीडार में एक अन्धी लड़की लंच के लिए आलू छील रही थी।

''हैलो कानियो, आलू छील रही हो?''

''हाँ ममी।''

ममी फ़िशर भी घड़ी भर के लिए वहीं बैठ गयी।

''कानियो, तुम्हारे बाबा की चिट्ठी आयी थी, वह तुम्हारा ब्याह करना चाहता है।''

आलू का सियाह छिलका उतर गया तो उसका सफ़ेद बेदाग़ गूदा मुस्कराने लगा।

''अगर तुम ब्याह करके चली गयीं, तो बूढ़ी ममी के लिए फिंगर

चिप्स कौन बनायेगा?''

''ममी।''

''हाँ।''

''मेरे बाबा को अच्छी तरह बता देना कि कैसा आदमी ढूँढ़े।''

''मैं ख़ुद तुम्हारा वर ढूँढूँगी बेटी।''

''हमारे क़बीले में एक रस्म हुई ममी, मँगनी से एक दिन पहले गबरू जंगल में जा छिपता है, और लड़की उसे ढूँढ़ने निकलती है। मैं भी अभी-अभी अपने गड़रिये की तलाश में बहुत दूर जा पहुँची थी, और उसे पा लिया था। वह मुझसे पूछने लगा— अरी कानियो तुम्हारी आँखें बन्द हैं, फिर मुझे कैसे ढूँढ़ निकाला? मैंने अपनी दोनों हथेलियाँ खोलकर उसकी तरफ फैला दीं और कहा—ये देखो मेरी सफ़ेद ममी की आँखें, मैं इन्हें हरदम उठाये फिरती हूँ और जिधर चाहूँ जा निकलती हूँ। मैं तुम्हारे लिए एक बड़ा सजीला शहज़ादा ढूँढूँगी।'' सफ़ेद ममी ने बेअख़्तियार उस गोल-मटोल आलू को सियाह छिलके समेत चूम लिया।

जब ममी अपने ऑफ़िस में पहुँची तो उसकी असिस्टेंट मिस वाडली ब्लाइंड हाउस की करसपांडेंस टाइप कर रही थी।

''गुड मॉर्निंग वाडी।''

''गुड मॉर्निंग ममी, अब यह टाइपराइटर बदलवा दें ममी, बहुत बूढ़ा हो गया है।''

''वाडी'' ममी अपनी कुर्सी पर बैठकर बोली, ''यह टाइपराइटर अभी रिटायर नहीं होना चाहता और किसी को उसकी मर्ज़ी के ख़िलाफ़ काम से अलग नहीं करना चाहिए।''

''मगर अब यह बहुत पुराना हो गया है।''

''ज़रा इसकी आवाज़ पर कान धरो। बुढ़ापे के बावजूद कितनी बाँकी खट-खट है इसमें। यह टाइपराइटर भी मेरी तरह इस अन्धी दुनिया का पुराना ख़िदमतगार है और यहाँ के सब मसायल को खूब समझता है। टाइपराइटर को बग़ैर देखते हुए ममी के ज़हन में पुरानी यादों की गठरी खुल गयी—वाडी, कई बार टाइप करने बैठती हूँ, तो यूँ लगता है जैसे मेरे बजाय यह टाइपराइटर ही सोच रहा हो, और सोच-सोचकर अपने आप अल्फ़ाज़ टाइप कर रहा हो। इसका तदब्बुर आड़े वक़्तों में हमेशा मेरे साथ-साथ रहा है।''

थोड़ी देर ममी चुपचाप कई बिखरी हुई यादें बड़े क़रीने से समेटती रही। ''नहीं वाडी, मेरे इस पुराने साथी को अपनी पोज़ीशन पर जमा रहने दो।''

वाडी ने दस्तख़त के लिए ममी को एक टाइप शुदा चिट्ठी दी, और ममी आँखों पर ऐनक सेट करके ब्लाइंड हाउस के दफ़्तरी काम में मशगूल हो गयी।

"ममी" कुछ देर बाद वाडी ने अपने काम से सर उठा कर कहा—"काले लोग बड़ा शोर मचा रहे हैं कि हम सफ़ेद क़ौमें यहाँ से बोरिया-बिस्तरा गोल कर लें।"

"हमें सियासत से क्या ग़रज़ वाडी? हमारा काम तो अपना फ़र्ज़ बजा लाना है।"

"मगर ममी, हालात बहुत बिगड़ रहे हैं। मिस एडोन कह रही थी कि इस होम लीव के बाद वह बेल्जियम से नहीं लौटेगी।"

"यह कोताही है वाडी, ज़रा सोचो अगर हम दोनों यहाँ से भाग जायें तो इन काले अन्धों की देखभाल कौन करेगा? इन्हें हमारी रहनुमाई की बहुत ज़रूरत है।"

"यह दुरुस्त है ममी, मगर काली क़ौम हमसे नफ़रत करती है, हम उसकी मर्ज़ी के बग़ैर उसकी ख़िदमत नहीं कर सकते।"

"मेरी बेटी, अगर ख़िदमत करने वाले का जज़्बा सच्चा हो तो उस पर खुदा अपनी राहें कभी बन्द नहीं करता। खुदा पर भरोसा रखो।" ममी फ़िशर गोया अपनी असिस्टेंट के डगमगाते यक़ीन को थाम रही हो।

मिस वाडले बड़ी मुतासिर नज़र आती थी, शायद जी ही जी में इरादा कर रही थी कि ममी को अपना आइडियल बनाकर सारा जीवन उसके अफ़्रीकी ब्लाइंड हाउस की ख़िदमत में गुज़ार देगी।

"जेमू।"

"हाँ कांगा।"

"बँधे हुए आदमी को रस्सियाँ तोड़ने से पहले बड़ी तकलीफ़ होती है।"

"ठीक है।"

"मैं यह कहना चाहता हूँ जेमू कि हमारा मुल्क भी इतने अर्से कस कर बँधा रहा, अब आज़ादी के बाद इसका अंग-अंग दुख रहा है।"

"हाँ कांगा।"

"और अब हमें ममी फ़िशर की सी अनगिनत माँओं की ज़रूरत है, जो हमारे देश के ज़ख़्मी बदन पर मरहम-पट्टी करें।"

"कांगा।"

"हाँ।"

"मेरे भाई ने कहा था कि ममी की जान ख़तरे में है। हमारे लोग चाहते हैं कि सारे देस में एक चिट्टा भी नज़र न आये।"

"नहीं।" कांगा के हाथ के झटके से उसका टाइपराइटर मेज़ से गिरते-गिरते बमुश्किल बचा।

"ऐसा कभी नहीं हो सकता। ममी को कोई ताक़त हमसे अलग नहीं कर सकती।"

"सब बिदेसी धड़ाधड़ मुल्क ख़ाली कर रहे हैं। में समझती हूँ कि अगर ममी चली गयी तो—"

"तो मैं अपने मन की आँखें भी अन्धी कर लूँगा जेमू।"

"हमारी क़ौम को ममी के रंग से नफ़रत है। अगर वह भी हमारी तरह काली होती तो हमारे सब लोग उसकी पूजा करते।"

"नहीं पगली, तुम ही ने तो मुझे बताया था कि ममी का कोई रंग नहीं।"

"वह तो हम अन्धों की बातें हैं कांगा। ये आँखों वाले तो रूप-रंग के बग़ैर कुछ महसूस ही नहीं करते।"

"ममी बड़ी डाँवाडोल हैं। आज उससे बातें करते-करते मेरे जी में आयी कि उसकी छाती पर सर रख के खूब रोऊँ।"

"हाँ कांगा, ममी आजकल बड़ी खोई-खोई सी है।"

"शहर के सभी गोरे जा चुके हैं, अगर ममी चली गयी तो।"

"तो मैं सचमुच अन्धी हो जाऊँगी कांगा।"

"मगर ममी यहाँ से कभी न जायेगी।"

"हाँ कांगा, ममी को नहीं जाना चाहिए।"

"वाडी" ममी फ़िशर बड़ी बेचैन थी।

"ममी?" मिस वाडली बड़ी पुरसुकून थी।

"फ़ादर गेर्ट ने यहाँ चर्च बनवाते हुए पत्थर खुद अपनी पीठ पर ढोये थे।"

"मुझे मालूम है ममी।"

"और उसकी ख़्वाहिश थी कि यहीं चर्चयार्ड में उसकी क़ब्र बने।"

"फ़ादर को अपने गिरजे से बड़ा प्यार था।"

"फिर वह चला क्यों गया वाडी?"

वाडी ने सोचने के अन्दाज़ में सर झुका लिया।

"जा तो सभी चुके हैं वाडी, मगर ये लोग क्यों गये, फ़ादर गेर्ट, डाक्टर पेटीसन—? ये लोग यहाँ अपना घर बना चुके थे।"

"ममी, हम यहाँ से चले भी जायें, तो दरअस्ल हम यहीं रहेंगे।

ये गिरजे, स्कूल और अस्पताल हमारे ही वजूद हैं, हमारी रूहों के ख़तों-ख़ाल हैं। अब हम हमेशा यहीं रहेंगे।'' मानो मिस वाडली के मुँह में ममी की ज़बान बोल रही हो।

''मगर मेरी हिम्मत अब जवाब दे रही है, मैं बहुत परेशान हूँ।''

आप घबराइये नहीं ममी, वक़्त खड़ा नहीं रह सकता। यह दौर भी गुज़र जायेगा।''

''ये लोग क्यों चले गये? जब तक ये रुके रहे, मेरा हौसला बँधा रहा। अब बैठे-बैठे दिल डूबने लगता है।''

मिस वाडली हैरत से ममी का मुँह तकने लगी।

''ममी चन्द महीने पहले जब मैं यहाँ से भाग जाना चाहती थी, तो आपकी आवाज़ सुनकर बड़े इत्मिनान से बैठ गयी थी, मुझे अपने इत्मिनान पर ख़ुद तअज्जुब होने लगा था। लेकिन अब आपकी परेशानी पर तअज्जुब हो रहा है।''

''मेरा दिल इसीलिए रो रहा है कि मैं अपना ब्लाइंड हाउस छोड़ कर जाना नहीं चाहती।''

''तो न जाइए। आप जाने के बारे में सोचती ही क्यों हैं? हम दोनों मिलकर बदस्तूर काम करती रहेंगी। इन बदले हुए हालात में हमारा मिशन तो नहीं बदला।''

''आज सुबह मुझे एक और धमकी मिली है।'' ममी मिस वाडली से आँखें मिलाने से गुरेज़ कर रही थी—''ये लोग चाहते हैं कि हम फ़ौरन चले जायें।''

''इन लोगों के चाहने से क्या होता है?''

''ब्राउनी को भी पहले ऐसी ही धमकियाँ मिली थीं, फिर उन्होंने बेचारे का सारा ख़ानदान क़त्ल कर दिया।''

''आप पुलिस को ख़बर कर दें ममी।''

''पुलिस के एक-दो आदमी तो हर वक़्त यहाँ मौजूद रहते हैं लेकिन जब ये लोग हमला करते हैं तो पुलिस की दाल नहीं गलती।''

''तो फिर कैप्टन राबर्ट से मदद तलब कीजिए, उनका दस्ता अभी तक यहीं है।''

''कैप्टन राबर्ट भी दो-एक हफ़्ते में यूरोपी निकास के बाद वापस जा रहा है। उसने कहा है कि अगर हम यहाँ से जाना नहीं चाहतीं तो वह हमारी मदद से क़ासिर है। मैं बहुत परेशान हूँ वाडी। अगर चन्द दूसरे लोग भी रुके रहते, तो हमें ऐसी मुश्किल पेश न आती। अब सोचती हूँ कि तुम्हें रोक कर भी मैंने ग़लती ही की थी।''

"नहीं ममी, आपने मेरे डगमगाते वजूद को थाम लिया था। अब मैं अपने पाँव पर मज़बूती से खड़ी हूँ।"

"मगर मेरा ईमान तो हिल रहा है वाडी।"

"ममी?" गोया मिस वाडली के सामने ब्लाइंड हाउस की बुनियादें हिलने लगी हों।

"उधर गिलो ने बेल्जियम से ख़त में लिखा है कि अगर मैं जल्द ही उसके पास न पहुँची, तो वह खुद मुझे लेने चला आयेगा।"

मिस वाडली ममी के चेहरे की तरफ़ ग़ौर से देखती रही—"क्या वह यही ममी है?"

"हमें फ़ौरन कोई तदबीर करनी चाहिए। फ़ादर गेर्ट कहा करता था कि जब तूफ़ान आये तो खिड़कियाँ बन्द कर लो।"

मिस वाडली ने अपने दिल की खिड़कियाँ खोल दीं और सोचने लगी कि ममी का लहजा शर्मिन्दा क्यों है, यह आवाज़ ममी की नहीं किसी दूसरे इनसान की है क्योंकि इनसान बदलते रहते हैं, उनकी ज़हनी कैफ़ियत एक सी नहीं रहती, मगर ममी कभी नहीं बदलती। ममी इनसान नहीं, नेकी का एक नाम है और नेकी हमेशा एक सी रहती है। अमिट है।

"बेटी, कैप्टन राबर्ट आज शाम को यहाँ आ रहा है। वह हमसे आख़िरी बार पूछना चाहता है कि हम यहाँ से जायेंगी या नहीं।"

वाडी ममी के चेहरे में ममी को ढूँढ़ती रही।

"शायद खुदा की यही मर्जी है कि हम यहाँ से चली जायें। कैप्टन के आने से पहले-पहले ख़ूब अच्छी तरह सोच लो। मेरी समझ में तो कुछ नहीं आ रहा।"

मिस वाडी एक बदनुमा अन्धे अफ़्रीकी बच्चे का मुँह धोती हुई उसके मासूम दिमाग़ में झाँक रही थी, मानो अपने कुँवारे एहसास पर सर टेके ममता की सदा सुन रही हो।

सब बच्चे अपने भोलेपन की वजह से ख़ूबसूरत होते हैं, काले भी और गोरे भी। हमारे बच्चे इनसान का मुश्तरका विरसा हैं। इनकी कोई जात नहीं होती क्योंकि इन्हें जात-पाँत का इल्म ही नहीं होता।

वाडी का जी चाहा कि दौड़कर सारी दुनिया के बच्चों की नन्ही-मुन्नी उँगलियाँ थाम ले। ममी बन जाये। उसने बेअख़्तियार अफ़्रीकी बच्चे का मैला-कुचैला मुँह चूम लिया। यकायक उसके चेहरे पर घनी फ़िक्र की झुर्रियाँ बन-बन कर लटकने लगीं—"अगर हम यहाँ से चले गये, तो हमारे अन्धे कुनबे को कितना बड़ा सदमा पहुँचेगा।"

"म–ममी!" गोया उसकी गोद में बैठे काले भुजंग बच्चे का सारा बदन पुकार उठा।

मिस वाडी ने बच्चा सीने से चिमटा लिया।

"मैं नहीं जाऊँगी, अगर ममी चली गयी तो मैं ममी बन जाऊँगी।"

मिस वाडी बिल्कुल ममी फ़िशर की तरह अपनी दायीं कनपटी के पास बालों में उँगलियाँ फेरने लगी।

"लेकिन ममी चली गयी तो ब्लाइंड हाउस के सभी बाशिंदे पागल हो जाएँगे। मुझे ममी नहीं कहेंगे। मैं ममी की जगह कैसे ले सकती हूँ?"

मिस वाडली की आँखें ब्लाइंड हाउस की दीवार की तरफ़ तकती-तकती वहीं जा खबीं और उसकी अन्धी फ़िक्र ने ज़हन की एक बहुत नाज़ुक डाली पर झूल-झूलकर उसे जवाब दिया–"प्यार शक्लों का मोहताज नहीं होता क्योंकि प्यार की हर शक्ल प्यारी होती है।"

जाम्बो, जोगेन्द्र पॉल

'जाम्बो' अफ़्रीकी ज़बान में सलाम को कहते हैं। मैं कहता हूँ जाम्बो जोगेन्द्र पॉल! एक लिखने वाला अपने किसी हम सफ़र से मिलकर और क्या कह सकता है?

कुछ इसी अन्दाज़ में, पिछले बरस इसी मौसम में कराची में कुर्र-तुल-ऐन हैदर ने मेरा इस्तक़बाल किया था, जिसे उनके क़रीबी मिलने वाले 'ऐनी' कह कर याद करते हैं। मैंने ऐनी से कहा था कि कुर्र-तुल-ऐन का तलफ़्फ़ुज़ अदा करने के लिए गले की अच्छी-ख़ासी वरज़िश हो जाती है। मेरे लिए भी यह 'ऐनी' ही ठीक है। उन्हीं दिनों ऐनी का नाविल 'आग का दरिया' छप कर आया था। एक दोस्त ने इस नाविल की एक जिल्द बाज़ार से लेकर मुझे दी और कहा—"अब इस पर 'ऐनी' का आटोग्राफ़ ज़रूर ले लीजिए।" 'ऐनी' ने लिखा—"देवेन्द्र सत्यार्थी के लिए जो उन लोगों में से हैं, जिनकी वजह से आज के हौलनाक दौर में भी यह उम्मीद सी बँध जाती है कि उर्दू तहज़ीब की इनसान परस्ती की रिवायत अभी ज़िन्दा है और ज़िन्दा रहेगी।" अब ठीक यही बात मैं जोगेन्द्र पॉल के लिए कह सकता हूँ क्योंकि उनके अफ़सानों में जो अफ़्रीकी साँस लेता है, वह मुझसे सैकड़ों मील दूर होकर भी बहुत क़रीब है। लेकिन मैंने 'ऐनी' से कहा था, " 'आग का दरिया' तो मैंने लिखा, नाम आपका हो गया।" इस पर एक क़हक़हा बलन्द हुआ था, जिसमें 'ऐनी' महज़ मुस्कराकर रह गयी थीं'।

अब जोगेन्द्र पॉल से भी वही बात कहने को तबीयत मचल रही है। लेकिन यह अन्दाज़ मेरा नहीं 'पितरस' का है। लीजिए वह क़िस्सा भी सुन लीजिए—'नून-मीम-राशिद'[1] मुझे आल इंडिया रेडियो के हेड क्वार्टर में ले गये। यह उन दिनों की बात है जब राशिद की 'मावरा' छप चुकी थी और मेरे हाथ में 'मैं हूँ ख़ाना-ब-दोश' की एक जिल्द थी, जो मैं ख़ास तौर पर उर्दू के उस अज़ीम रायटर को देने के लिए गया

1. प्रसिद्ध उर्दू शायर

था। 'पितरस' ने छूटते ही कहा, ''देखिए साहब मैंने कुछ नज़्में कहीं जो 'मावरा' के नाम से छपीं और नाम 'राशिद' का हो गया।'' इस पर क़हक़हा पड़ा। फिर पितरस के हाथ मेरी वह किताब पहुँची तो बोले, ''देखिए साहब ख़ाना-ब-दोशी तो मैंने की, आप कैसे इस किताब के मुसन्निफ़ बन बैठे?'' मैंने बिला झिझक जवाब दिया—''जनाब, इस लम्हे तक तो मैं ख़ुद को एक 'ख़ाना-ब-दोश' ही समझता था, अब मालूम हुआ कि ख़ाना-ब-दोश तो आप हैं और मैं आल इंडिया रेडियो का डाइरेक्टर जनरल हूँ।''

'ऐनी' ने यह क़िस्सा सुना तो बहुत ख़ुश हुई। किसी किताब की तारीफ़ करने का एक अन्दाज यह भी है कि हमें महसूस होने लगे कि काश यह हमने लिखी होती।

जोगेन्द्र पॉल को नैरोबी में रहते हुए बारह बरस हो गये हैं, एक दिन वह कहने लगा, ''जब चौदह बरस पूरे हो जायेंगे, तो मैं अफ़्रीका से लौट आऊँगा, और देखिए मेरा इरादा है कि अपने इस बनवास पर एक भरपूर नोवल लिख डालूँ।''

मैंने कहा, ''उस नोवल के छपने पर भी मैं यही कहूँगा, लिखा मैंने, नाम जोगेन्द्र पॉल का हो गया।''

नयी दिल्ली के रायटर्स ग्रुप में जोगेन्द्र पॉल ने अपना अफ़साना 'धरती का काल' सुनाया तो सब सुनने वाले यही महसूस कर रहे थे कि वह अफ़्रीका की धरती पर साँस ले रहे हैं। मैंने अपना तअस्सुर बयान करते हुए कहा, ''यह दादा कलमू तो मैं हूँ और दादा कलमू के माथे की बरफ़ानी झुर्रियाँ भी मेरे ही माथे की झुर्रियाँ हैं।''

यही बात इन कहानियों के संग्रह की अक्सर कहानियों के बारे में कही जा सकती है। जिस नये समाज में हम साँस ले रहे हैं, उसमें देस-देस की आवाज़ के लिए ज़्यादा-से-ज़्यादा गुंजाइश होती जा रही है। जैसे सारी दुनिया एक शहर हो और लिखने वाले को शहर की 'दाई' की तरह घर-घर की ख़बर रहनी ही चाहिए।

मैंने अपने बचपन का ज़िक्र करते हुए बताया—''अजी एक मुद्दत तक गुड़ियों का सिलसिला रहा, हर तरफ़ गुड़ियाँ ही गुड़ियाँ थीं। हमने गुड़ियों का एक स्कूल खोल रखा था। एक क़िस्सा सुनिये—लेकिन इस पर हँसियेगा नहीं। मेरी एक जर्मन सहेली थी जिसने मुझे समझा-बुझा कर इस बात पर राज़ी कर लिया कि मैं अपनी लेडी ब्लेंडा से उसके गुड्डे का ब्याह कर डालूँ। जर्मन सहेली की बात बड़ी अजीब सी थी लेकिन मैं यह भी तो न चाहती थी कि वह रूठ जाये। मगर साहब,

ऐन बरात के वक़्त मेरी जर्मन सहेली ने किसी बात पर बिगड़ कर कहा कि मेरा गुड्डा ख़ालिस जर्मन है और सीधा बर्लिन से आ रहा है और तुम्हारी लेडी ब्लेंडा तुम्हारी गुड़िया है, इसलिए हिन्दोस्तानी है। मैं एकदम बिगड़ गयी। चुनांचे न सिर्फ़ बरात लौटा दी बल्कि अर्से तक ऐंटी जर्मन जज्बात दिल में उठते रहे, समझे जनाब।''

मैंने न जाने क्या सोच कर कहा, ''मुझे तो बाल्ज़ाक की बात याद आ रही है, दुनिया में ख़ूबसूरत चीजें तीन हैं—खुले बादबानों वाली तेज़ रफ़्तार कश्ती, सरपट दौड़ता हुआ घोड़ा और डांस करती हुई औरत।''

''और मेरी वह लेडी ब्लेंडा तो वाक़ई उस जर्मन गुड्डे से कहीं ज़्यादा ख़ूबसूरत थी।'' ऐनी ने मुस्कराकर कहा।

मैंने ऐनी को उस अफ्रीकी गुड़िया की बात सुनायी जिसे मेरी अफ्रीका वाली मौसी की लड़कियाँ अफ्रीका से लायी थीं। उस गुड़िया के ख़दो-ख़ाल अगरचे बहुत ख़ूबसूरत न थे, फिर भी आज तक उसकी याद दिल पर नक्श है। मौसी तो वापस अफ्रीका चली गयी लेकिन नट-खट लड़कियाँ हमारे यहाँ रह गयीं। मेरे साथ गुड़िया और गुड्डे का ब्याह रचाने के लिए। जब वह मुझसे रूठ जातीं तो अफ्रीकी ज़बान में बातें करने लगतीं। मेरी तो ले-दे कर एक ही अफ्रीकी ज़बान के लफ़्ज तक रसाई थी—मकाटी, जो रोटी को कहते हैं। इससे आगे मेरा ज़हन बिल्कुल न चल सका। उन्होंने तो गुड़िया के साथ-साथ गुड्डे को भी अफ्रीकी जबान सिखाने का पक्का इरादा कर लिया था।

मेरे कमरे की बुक शेल्फ़ पर नीग्रो लड़की का जो मुजस्समा पड़ा है, उसकी उदासी हू-ब-हू अफ्रीकी गुड़िया से मिलती है, वह अफ्रीकी गुड़िया मैं सँभाल कर न रख सका। फिर एक बार एक अफ्रीकी लड़की से मुलाकात हुई, जिसकी परवरिश और तालीम बड़ौदा के एक कन्हैया महाविद्यालय में हुई थी। यह आज से बीस बरस पहले का वाक़या है।

मुझे मालूम नहीं कि वह अफ्रीकी लड़की अब कहाँ है, लेकिन जोगेन्द्र पॉल ने अपना अफ़साना 'एक ही रूप' सुनाया तो अन्धी लड़की की आवाज़ में न सिर्फ़ मुझे अफ्रीकी गुड़िया की आवाज़ सुनाई दी, बल्कि उसकी आवाज़ में जैसे उस अफ्रीकी लड़की की आवाज़ भी गूँज उठी हो जिसने कहा था, कि वह अपने देस की सेवा करेगी।

'एक ही रूप' में जोगेन्द्र पॉल ने फ़न की अज़ीम बलन्दी से हमारे कानों तक यह आवाज़ पहुँचाई है।

''प्यार शक्लों का मोहताज नहीं होता, क्योंकि प्यार की हर शक्ल प्यारी होती है।'' इस अफ़साने में ममी का किरदार वाकई उस माँ का

किरदार है, जिसकी हथेली पर उसके अन्धे बच्चों की आँखें झाँकती हैं। ममी दरअस्ल इनसान का नाम नहीं। ममी तो अबदी नेकी का एक नाम है।

'जाम्बो रफ़ीकी' में जोगेन्द्र पॉल ने बताया है कि नयी तहज़ीब ने काली मिट्टी की औलाद से उनका क़बाइलीपन तो छीन लिया लेकिन इसके बदले उसे कुछ दे नहीं पायी। दोई रेलवे जंक्शन अफ्रीकी बेघरी और बेसरो-सामानी का एक सिम्बल है, जहाँ दो अफ्रीकी एक-दूसरे को 'जाम्बो रफ़ीक़ी' कहते हैं। उनकी बातचीत की यह घड़ी हमारी तहज़ीब के लिए एक बहुत बड़ी चुनौती है।

जोगेन्द्र पॉल के अफ़साने में जो तवाज़ुन है वह उसके तवाज़ुन की देन है। वह अपने साथ रोशनी लाता है। पुरानी रवायत है कि फ़रिश्तों की तस्वीरों में नूर ही नूर होता है, रंग नहीं। लेकिन जोगेन्द्र पॉल रंगों के इस्तेमाल से हाथ नहीं खींचता। उसके अफसाने के रंग चुपके से हमारे ज़ह्न में उतर जाते हैं। उसके किरदार हमारी कल्पना में छोटी-बड़ी लकीरें और दायरे बनाते हैं, जिन पर गहरे मुशाहिदे की छाप है।

जोगेन्द्र पॉल उम्र में मुझसे छोटा है लेकिन उसकी ज़हनी उम्र बहुत बड़ी है। हाल ही में मैंने एक अफ़साना लिखा है, उसका नाम है 'गाड़ी भर रास्ता'। उसमें यह क़िस्सा बयान किया गया है कि नयी नस्ल का एक लिखने वाला पुरानी नस्ल के एक बूढ़े कहानीकार को अपने मुक़ाबिल एकदम बौना समझता है। गोया नयी नस्ल एकदम बावन गज़ की है। बूढ़ा कहानीकार कहता है, तख़्लीक़ के लम्हे हमउम्र होते हैं मेरे भाई!

यक़ीन कीजिए, मुझे जोगेन्द्र पॉल ही देवेन्द्र सत्यार्थी मालूम हो रहा है। आप कहेंगे कि नौजवानों को बूढ़ बनाने का यह नुस्ख़ा कहाँ से हाथ लगा?

लाहौर में पिछले बरस उर्दू अफ़साने पर एक सिम्पोज़यम में मैंने कहा था—''देखिए हज़रात आपके यहाँ जो अफ़साना निगार पैदा नहीं हुआ, मैं तो उसका भी बेटा बनने को तैयार हूँ, मैं बूढ़ा नहीं हूँ, मैं तो नयी नस्ल के साथ क़दम मिलाकर चलना चाहता हूँ, ताकि नये 'गड़रिये' पढ़ सकूँ, नये अशफ़ाक़ अहमदों से मिल सकूँ—।''

अब यह मेरी ख़ुशक़िस्मती है कि मैं अपने साथ चलने वालों में जोगेन्द्र पॉल की मुस्कराहट से लुत्फ़-अन्दोज हो रहा हूँ।

आंद्रे ज़ेद ने एक बार कहा था—''सच्ची बात तल्ख़ी से कही जाती

है, और झूठी मुहब्बत से।'' लेकिन मैं यह नहीं मानता, जैसे मैं यह भी नहीं मानता कि फ़रिश्तों की तस्वीरों में सिर्फ़ नूर ही नूर होता है, रंग नहीं। मेरी कल्पना में तो अफ़्रीकी गुड़िया भी बेज़बान नहीं। ऐनी की हिन्दोस्तानी गुड़िया को शिकायत है कि ज़रा-सी बात पर बिगड़ कर जर्मन गुड्डे की बरात क्यों वापस कर दी गयी। आख़िर जर्मन लड़की ने यही तो कहा था कि लेडी ब्लेंडा का नाम रख डालने के बावजूद वह है तो हिन्दोस्तानी है। यह तो सच बात थी। इसे प्यार से कह लें या तल्ख़ी से।

एक नीग्रो कहावत है। झूठा आदमी कहता है कि मेरा गवाह यूरोप में है, मगर जोगेन्द्र पॉल ने सच की आवाज़ पर पहरा नहीं बिठाया। इसके लिए उसका अफ़साना 'मोजज़ा' पढ़िये। इसमें अफ़्रीका की उस झील की तस्वीर दिखाई गयी है, जहाँ पैरों के नीचे ज़मीन डोलती है क्योंकि झील का पानी दरअस्ल ज़मीन के नीचे है। आप महसूस करेंगे कि झूठ के पैरों तले सच की आवाज़ डोल रही है।

'हर जगह' मौज़ू और माहौल के मुताबिक बड़ी तेज़रौ कहानी है, जिसमें जोगेन्द्र पॉल ने बड़ी चाबुक दस्ती से जुर्म का एक हमागीर तसव्वुर हमारे सामने ला खड़ा किया है।

'सब का सवाल' में मकोज़ी एक ज़िन्दा किरदार है, जो मौत के बाद ख़ुदा की अदालत में मख्लूक़ की शिकस्त पर जिरह करने के लिए पहुँचता है। और इसी तरह 'मन्दा' एक अज़ीम अफ़साना है, जिसमें एक तरफ़ क्लब में बैठे हुए मालदार और इंटलेक्चुअल कहलाने वाले लोगों की ख़ुश-गप्पियों में गिरती दीवारें बोलती महसूस होती हैं। और दूसरी तरफ़ हम अफ़्रीकी बैरों को बातें करते सुनते हैं, जो क्लब से उठकर जाने वालों के आख़िरी पेगों से बची-खुची शराब इकट्ठी करके कॉकटेल का मज़ा ले रहे हैं। कहानी का मरकज़ी किरदार गुलाब के रेज़े में दुबक कर बैठे कीड़े की तरह नये दिन के लिए सूरज का इन्तज़ार कर रहा है।

फ़ैज़ का एक मिस्रा है–'तेरी कज-अदाई से रूठ कर शबे इन्तज़ार चली गयी' जोगेन्द्र पॉल किसी भी कहानी की बुनियादी आवाज़ को रूठकर चले जाने का मौक़ा नहीं देता। यह बड़ी बात है।

यह कहना ग़लत है कि उर्दू अफ़साने में जमूद आ गया है। मैं जोगेन्द्र पॉल से कहता हूँ–''प्यारे, इन लोगों की आवाज़ पर कान मत धरो। यह आवाज़ उन लोगों की है जो तक़्लीफ़ के लम्हों का साथ देने से रह गये हैं। अभी तो लाखों अनकही बातें नागुफ़्तनी के आँचल से

निकलकर गुफ़्तनी बनने के लिए मचल रही हैं।''

वह अफ्रीकी गुड़िया आज मेरे पास होती तो मुझे उससे अफ्रीकी ज़बान में बात न कर सकने की बेचारगी का एहसास होता। लेकिन जोगेन्द्र पॉल की कहानियों की यह किताब 'धरती का काल' अब मेरी बुक शेल्फ़ में रहेगी, जिस पर उस नीग्रो लड़की का मुजस्समा रखा है। मैं इसे बार-बार पढ़ूँगा और अपने दोस्तों को पढ़ने का मशवरा दूँगा ताकि वह देख सकें कि उर्दू अफ़साने ने सैकड़ों मील की दूरी पर एक पुल बना दिया है।

जाम्बो, जोगेन्द्र पॉल!

16 मार्च 1961

देवेन्द्र सत्यार्थी
'कल्पना', 5-सी/46, रोहतक रोड
नयी दिल्ली